# Die Jahre danach

# Die Jahre danach

von Günther Korn

ISBN 3-7023-0166-6


Gedruckt und gebunden beim Wiener Verlag, Himberg bei Wien

## 1. Kapitel

Es war an einem Mittwoch, gegen einundzwanzig Uhr. Durch die geöffneten Fenster der Weberei drang das Dröhnen der mechanischen Webstühle.

Kern saß im Büro und ordnete Unterlagen über die frühere Firma. Schriftstücke und Fotos.

Er blickte auf die Uhr. Er hatte noch Zeit. Der Zug nach Düsseldorf ging erst um Mitternacht.

Wer hatte hier eine Ahnung von der Stadt, aus der er kam, dachte er. Sorau war eine Textilstadt mit dreißig Fabriken, nur wenige Kilometer hinter der Oder-Neiße-Linie. Die dreißig Fabriken stellten ein beachtliches Industriepotential dar. Aber es war in Vergessenheit geraten. Wer trug Schuld daran?

Im Jahre 1873 feierte die Stadt ihr tausendjähriges Bestehen. Die Tausendjahrfeier gründete sich auf eine Urkunde von 873, wonach Sorau an das Stift Fulda abgetreten wurde. Das erste Stadtprivileg, im Original zwar nicht mehr vorhanden, aber historisch sicher bezeugt, stammte aus dem Jahre 1260.

Nach dem Wiener Kongreß im Jahre 1815 entwickelte sich die Stadt, nun preußisch und nicht mehr sächsisch, zu einem Zentrum der Textilindustrie. Wie man Sorau in früheren Jahrhunderten eine Stadt der Türme genannt hat (Lipsia non tot habet, quot habet Sorawia turres), so konnte man es im 20. Jahrhundert die Stadt der Leinenfabriken nennen.

Von der Aufstellung der ersten Wollspinnmaschine im Jahre 1823 bis zu den dreißig Fabriken, die noch 1945 produzierten, waren nur etwas über hundert Jahre vergangen.

Kern dachte an die „Preußische Höhere Fachschule für Textilindustrie", die spätere Textil-Ingenieur-Schule, die er vor der Einberufung zum Wehrdienst besucht hatte. Durch die Errichtung des Forschungsinstitutes für Bastfasern war der Komplex erheblich erweitert worden.

Der Seniorchef der Firma, an der sein Vater, Franz Kern, beteiligt war, erzählte ihm oft von früheren englischen Geschäftsfreunden. Die Geschäftsverbindungen mit Fabrikanten in Manchester gingen bis auf den Vater des Seniorchefs zurück. Die freundschaftlichen Beziehungen hatten dazu geführt, daß die Fabrik billige Garne aus England erhielt. Es zahlte sich aus, gute Kontakte zu Baumwollfabrikanten in Manchester zu haben, deren Hinterland das große Indien war, das damals England gehörte.

Daneben bestanden vor der Jahrhundertwende auch freundschaftliche Beziehungen zu Fabrikanten in Birmingham. Ein Chamberlain war bei der Familie des Seniorchefs zu Gast gewesen. Es waren Erinnerungen an eine bessere Zeit.

Kern dachte an das Jahr 1940. Genau genommen, befand der Krieg sich 1940 erst im Anfangsstadium, obwohl es zu der Zeit schon ein Weltkrieg war. Denn durch die Kriegserklärung Englands an Deutschland am 3. September 1939 war der Konflikt augenblicklich zu einem zweiten Weltkrieg geworden. Man brauchte nur an die etwa achtundsechzig Besitzungen Englands rund um den Erdball zu denken.

Er erinnerte sich an den Tag, an dem er im Konferenzzimmer der Firma Karl und Leo gegenüberstand, die Marineuniformen trugen. Karl, Oberleutnant zur See, hatte kurz vor dem Krieg geheiratet.

Verschiedene Auszeichnungen, die Karl und Leo trugen, sah Kern zum ersten Mal im Original. Beide Urlauber verliehen dem Konferenzraum eine militärische Note. Der Seniorchef bot jedem eine Zigarre an, aus einer Kiste mit brasilianischen „Perfeitos“.

Zwei Jahre später war Kern der Urlauber. Auf dem Tisch im Konferenzzimmer lag ein Telegramm, und Karls Frau, Margot, fragte:

„Wann fährt der Zug nach Hamburg?"

„Um drei Uhr", antwortete der Seniorchef.

Margot weinte. Ein Marinestab hatte telegrafiert, daß ihr Mann beim Angriff eines englischen Bombers auf das Vorpostenboot, das er befehligte, gefallen sei.

Vier Monate später kam wieder ein Telegramm von der Marine. Und diesmal wurde mitgeteilt, daß Leo, inzwischen auch Oberleutnant, in einem U-Boot-Stützpunkt an der Atlantikküste bei einer Operation verstorben sei. Wie bei Karls Tod brachte auch diesmal eine Ordonnanz die persönlichen Sachen und berichtete, der Herr Oberleutnant habe sich während der Narkose übergeben müssen und sei erstickt.

Kurz darauf begegnete Kern dem Seniorchef in einem Gewächshaus der Betriebsgärtnerei. Er trug einen dunkelgrünen Lodenmantel und einen breitrandigen Hut. In der Hand hielt er seinen Spazierstock, ein Andenken an Badgastein. Er saß auf einer Bank, zwischen künstlich gezogenen Apfelsinenbäumen, an denen gelbe Früchte hingen.

„Wir haben nun zwei Fronten", sagte der Alte, „und dazu kommen noch See- und Luftkrieg."

„Viele dachten 1940, England würde Frieden schließen", sagte Kern.

Der Alte schüttelte den Kopf. „Ich nicht." Er

hielt inne. „Deutschland geht schweren Zeiten entgegen ... Wenn das Ende gekommen sein wird, betätige dich nicht politisch! Wir werden diesmal jahrzehntelang fremde Truppen in unserem Land haben ... Web' Stoffe, schreib' Bücher, aber halte dich von der Politik fern ...!"

Der Seniorchef starb noch im selben Jahr. Eine Epoche wurde zu Grabe getragen. Kern war beeindruckt von der Trauerfeier für den Seniorchef. Im großen Salon standen Reihen von Stühlen. Alles, was Rang und Namen hatte in der Stadt, war anwesend. Die hohen Flügeltüren zum Herrenzimmer waren geöffnet und gaben den Blick frei auf den mit Kränzen und Blumengebinden geschmückten Eichensarg, den der Seniorchef selbst vor vielen Jahren in Auftrag gegeben hatte. Der Sarg hatte auf dem Speicher über der Remise gestanden, mit einem weißen Tuch bedeckt. Kern hatte ihn manchmal angesehen, als er noch zur Schule ging.

Im Februar 1945, zwei Wochen nach dem Einmarsch der russischen Truppen, starben Kerns Vater und der Mitinhaber Willy Lang.

Kern legte die Unterlagen über die frühere Firma beiseite. Er kannte genug Heimatvertriebene, die sich ständig den Kopf zermarterten und mit ihrem Schicksal haderten. Die Vertriebenen glichen darin vielleicht den Juden des Altertums, die als Verbannte an den Ufern des Euphrat und Tigris leben mußten, oder den Sklaven, die man nach Amerika verschifft hatte und die nichts weiter mitbrachten als ihre Arbeitskraft.

Kern überlegte, wie sein Leben in der alten Heimat verlaufen wäre, wenn es nicht zur Vertreibung gekommen wäre. Er war eingebettet gewesen in Traditionen.

In der Zeitung, die Vorfahren väterlicherseits gegründet hatten, veröffentlichte Friedrich der Große seine Leitartikel. Der große Saal des Verlagsgebäudes in Breslau war Schauplatz historischer Ereignisse.

Hier, in der neuen Heimat, in Bayern, waren andere in Traditionen eingebunden, aber nicht er. Auch hier war in Jahrhunderten alles kontinuierlich gewachsen. Es gab genug Leute, die froh waren, hier geboren zu sein. Sie priesen das Leben, diese schöne Welt und feierten ihre Feste. Der verlorene Krieg hatte sich auf ihren Besitz nicht ausgewirkt.

Als er, Kern, im Nachkriegsdeutschland eintraf, von Afrika kommend, fand er nicht einen einzigen Anzug vor. Nur Gott wußte, wer seine Anzüge jetzt hinter der Oder-Neiße-Linie spazierenführte. 2000 Jahre lang waren die christlichen Gebote in Europa und sonstwo in der Welt verkündet worden, und als für die Christen die

Stunde der Bewährung kam, war die christliche Lehre vergessen. Die Kirche erkannte, daß sie vor einem Scherbenhaufen stand.

Wenn Kern an Ellen, seine junge Frau, dachte, wünschte er sich, sorgenfrei zu sein. Gestern hatte ihm Ellen gesagt, daß sie ein Kind erwarte. Er freute sich genauso wie sie auf das Kind...

Er würde arbeiten. Wer hatte schon ein sorgenfreies Leben? Auch zu Hause hätte er vermutlich Sorgen gehabt. Aber hier waren die Sorgen größer. Hier verfügte er nur über gepachtete Gebäude. Bei Verhandlungen mit Banken hatte er wenig Sicherheiten anzubieten.

Ein paar Tage vor der Hochzeit hatte die Zimmerwirtin eine Holzkiste in sein möbliertes Zimmer geschoben, das er vom Wohnungsamt zugewiesen bekommen hatte. Für die Zuweisung des Zimmers mußte er laut Hebeliste eine Gebühr von DM 6,40 an die Stadtverwaltung entrichten. Er erinnerte sich besonders daran sehr genau.

Kern sah, daß die Kiste von Ellen kam. Er öffnete sie und stellte fest, daß sie Bücher enthielt. Mehrere Romane stammten von Ellens Mutter, deren Hobby es war, Barsois zu züchten. Ganz zuunterst fand er Stendhals „Rot und Schwarz“. Er nahm sich vor, dieses Buch, das er von früher her kannte, bald wieder einmal zu lesen.

Während er die Bücher ordnete, dachte er darüber nach, was die Zukunft Ellen und ihm bringen würde. Er wünschte sich Ellen zuliebe eine Menge angenehmer Dinge.

Drei Tage später fand die Hochzeit statt.

Er hatte Ellen und sich ein Zuhause geschaffen und danach Arbeitsplätze für eine größere Belegschaft, die vorher arbeitslos auf der Straße gestanden hatte. Heimatvertriebene wie er. Die Schaffung von Arbeitsplätzen schenkte ihm Zufriedenheit. Er half seinen Arbeitern, und sie halfen ihm. Wer ihm half, war sein Mann. Er hoffte, daß der Teilhaber, der er vor kurzem aufgenommen hatte, sich auch bald voll einsetzte.

Kern hörte die Standuhr in der Diele. Er holte seinen Mantel und den Koffer. In einer halben Stunde ging der Zug nach Düsseldorf.

Ohne Ellen zu wecken, verließ er die Wohnung.

Er hatte sich angewöhnt, nachts zu reisen, um am Morgen am Ziel zu sein. Er wollte den Tag nicht mit Reisen vertun. Sein Leben lief ab wie ein Uhrwerk. Er dachte an Karl und Leo, die beide nicht mehr heimgekommen waren. In ihren blauen Marineuniformen sahen sie aus wie aus dem Ei gepellt. So würde er sie in Erinnerung behalten. Beide hatten Disziplin. Sie fehlten beim Wiederaufbau, wie Millionen andere auch, die nicht wiedergekommen waren.

## 2. Kapitel

Es war Nachmittag. Aus dem Zirkuszelt strömten die Besucher zur Tierschau.

„Kommen Sie, wir sehen uns die Pferde an!" sagte Stumpf. „Haben Sie Lust?"

„Gern", entgegnete Ellen.

Sie betraten das langgestreckte Zelt, in dem vierzig Pferde im frischen Stroh standen.

Stallburschen waren damit beschäftigt, naßgeschwitzte Schimmel mit Stroh abzureiben.

„Wundervolle Pferde", sagte Ellen und blieb stehen.

„Araber."

Das gedämpfte Licht, das durch das niedrige gelbe Zeltdach kam, ließ Ellens Gesicht weich erscheinen. Das straff zurückgekämmte Haar schimmerte.

„Gehen Sie nicht so nah ran!" klang es dicht an ihrem Ohr.

Stumpf faßte sie an der Schulter. Er spürte die Wärme ihres Körpers durch die dünne Bluse.

Er ließ seine Hand auf ihrer Schulter ruhen.

Ellen wandte ihm ihr Gesicht zu. Es wirkte starr.

Stumpf zog seine Hand zurück. Mit einemmal war wieder das Unterlegenheitsgefühl da.

Ellen ging zum Ausgang, und Stumpf folgte ihr.

Er sah auf ihre hellen Beine, die ihn faszinierten. Nie zuvor hatte er eine Frau so heftig begehrt. Aber er fühlte, daß er dieser Frau nicht gewachsen war, und er verachtete sich deshalb. Er mußte seine Skrupel endlich loswerden.

Zwischen zwei Zirkuswagen faßte er Ellen am Arm.

„Wir müssen uns einmal aussprechen...!"

Sie sah ihn an und ging weiter. „Bitte, lassen Sie mich los, Herr Stumpf!" sagte sie in förmlichem Ton.

Die Sonne stand über dem fahnengeschmückten Zirkuszelt und blendete.

„Sagen wir heute abend..." flüsterte Stumpf. „Ja?" Seine Stimme klang belegt. „Vielleicht gegen acht, wenn die Schicht beginnt..."

„Das ist ganz unmöglich!"

„Ihr Mann kommt erst am Dienstag zurück..."

„Aber..."

„Kein Aber!"

„Das ist ja Wahnsinn..." Ihr Gesicht glühte. „Ich kann Sie nicht begreifen!"

„Es muß doch für Sie ein langweiliges Leben sein. Daß Sie sich damit abfinden."

„Sie irren sich."

„Was glauben Sie, warum ich mich an Ihrer Firma beteiligt habe? Bestimmt nicht Ihrem Mann zuliebe! Sie wissen ganz genau, daß sein Betrieb streng genommen kein Objekt für mich ist... Ich bin nicht für Fabriken da, die man mit der Lupe suchen muß."

„Aus welchem Grunde haben Sie sich denn beteiligt?"

„Muß ich das wirklich noch sagen?"

„Doch nicht wegen mir...?"

„Doch! Sie sind anders als andere Frauen."

„So?"

„Ich kenne mich mit Frauen aus", prahlte er. „Warum halten Sie an einer überholten Moral fest, die etwas für Schwachköpfe ist? Sie sollten das tun, was Sie sich wirklich wünschen... Ich sehe doch, daß Sie nicht glücklich sind. Das sieht doch jeder! Mein Gott, was für ein langweiliges Leben! Ich hätte mein Leben an Ihrer Stelle schon lange geändert. Warum zögern Sie? Sehen Sie, Ihr Mann verschafft sich Abwechslungen. Er fährt in der Weltgeschichte herum, und Sie läßt er in diesem Kaff zurück." Wenn ich nur bessere Worte finden könnte, dachte er unzufrieden und nagte an seiner Unterlippe. „Ich würde Sie zur Textilmaschinen-Ausstellung nach Manchester mitnehmen."

„Mein Mann nimmt mich nicht mit, weil er sparen muß“, entgegnete Ellen.

„Sparen und nichts als sparen!“ rief Stumpf verächtlich. „Wenn ich das schon höre. Warum muß er sparen? Weil das Geschäft nicht genug abwirft! Und warum wirft es nicht genug ab? Weil Ihr Mann keinen Mumm hat. Er wagt doch nichts! Und Sie finden sich brav damit ab... Ich hätte schon lange ein großes Darlehen aufgenommen, mehr Maschinen gekauft und die Preise erhöht. Er bekäme doch Geld. Als Heimatvertriebener. Statt dessen wurstelt er mit einem Kredit von zehntausend Mark weiter. Andere Unternehmer haben ERP-Kredite von fünfhunderttausend Mark und mehr erhalten. Ich hatte erwartet, daß Ihr Mann mehr flüssig macht. Bei dem Vertreibungsschaden. Aber mir scheint, daß er sich nur auf mich verläßt. Er will sein Geld nicht riskieren, meins kann ja draufgehen!“ Er schloß mit der Erklärung: „Die Rentabilität steigt mit dem Kapitaleinsatz!“

„Davon verstehe ich zu wenig“, entgegnete Ellen. „Mein Mann hatte seine Gründe, wenn er bisher keine hohen Kredite beantragte.“

„Er eifert wohl gewissen amerikanischen Industriellen nach, die auch nicht viel von Banken halten, was?“

„Ich erinnere mich, daß Sie meinem Mann in

allem Recht gaben, als Sie mit ihm über die Beteiligung verhandelten."

Als Ellen ihren Platz in dem weiten Oval des Zirkus eingenommen hatte, rückte Stumpf so dicht an sie heran, daß sie seine Schulter spürte. Es war ihr unmöglich, auszuweichen, die Bank war voll besetzt. Ihr Blick streifte Stumpfs nervige Hände, die das Programm hielten.

„Zuerst kommen die Tiger", sagte Stumpf und sah vom Programm auf. „Anschließend sehen wir Akrobaten. Eine Raketennummer: Die Bronley's."

In die Manege schlichen kurz hintereinander sechs Tiger und sprangen unter Peitschengeknall auf grüne Podeste. Die Stille im Zelt wurde nur durch das Fauchen der Raubtiere unterbrochen.

Stumpf ergriff Ellens Hand. Sie wollte ihre Hand zurückziehen, aber er hielt sie fest.

Sie fragte: „Sehen Sie überhaupt zu?"

Ihre Blicke kreuzten sich. Sie spürte die Wärme seiner Hand. Sie überlegte. Sie hätte seine Einladung niemals annehmen dürfen. Sie ist auch nur mitgegangen, weil sie nichts dergleichen erwartet hat. Was ist das für ein Mann, an den sie da geraten ist? Wieder spürt sie den Griff um ihr Handgelenk, der nachläßt und wieder zunimmt. Sie spürt jeden einzelnen Finger der fremden Hand. Sie nimmt nicht mehr wahr, was in der

Manege vorgeht. Die Hitze im Zelt kommt ihr unerträglich vor.

Sie hört zerstreut zu, als Stumpf etwas über den Dompteur sagt. Wo mag Georg in diesem Augenblick sein? Vielleicht ruft er gerade aus Düsseldorf an. Man wird ihm sagen, daß sie in den Zirkus gegangen sei, mit seinem Teilhaber. Vielleicht hat Georg schon Aufträge? Wenn er auf Geschäftsreisen ist, gibt er meistens schon am ersten Tag ein paar Abschlüsse telefonisch durch.

„Bitte lassen Sie meine Hand los!" sagte Ellen lauter, als sie vorgehabt hatte.

„Der Dompteur ist große Klasse", sagte Stumpf ruhig, indem er ihr Handgelenk freigab. „Wollen Sie das Programm?"

„Danke."

Die Tiger fegten aus der Manege und die Zuschauer applaudierten. Eine Handvoll Männer schleppte die Gitter hinaus. Plötzlich purzelten Clowns in das Sägemehl der Arena. Die Kapelle setzte aus und die Clowns begannen, sich zu veralbern, begleitet von den Lachsalven der Zuschauer. Obwohl es Nachmittag war, strahlten die Scheinwerfer.

Stumpf lachte laut. „Ich sehe sowas ganz gern."

Ellen folgte dem Ulk ohne die Spur eines Lächelns. Sie fühlte sich unbehaglich.

Stumpf sah auf die Linie ihres Nackens mit den

weichen blonden Haaren. Ich wette, daß sie nicht weiß, was sie will, dachte er. Er sah sich schon mit ihr an einem See, im Badeanzug. Er streichelte ihren Rücken und berührte ihre Hüften. Er stellte sich vor, wie sie sich lächelnd nach ihm umdrehte und ihn küßte. Seine Phantasie ging noch weiter.

„Wie lange wollen Sie mich noch so anstarren?" sagte Ellen heftig.

Keine Spur von Vertrautheit oder Zusammengehörigkeit. Er riß den Blick von ihr los und sah in die Arena, folgsam, unterwürfig. Die rosa Brille, durch die er eben noch geblickt hatte, war wie fortgeblasen. Es war ihm jetzt klar, daß er einen Fehler gemacht hatte. Hier vor allen Leuten blieb ihm nichts anderes übrig, als die Prügel einzustecken. Aber er würde sich schon revanchieren. Das versprach er ihr. Er war nicht der Mann, der sich so ohne weiteres abweisen ließ. Oder doch? War er nicht schon immer ein Feigling gewesen? Wenn er sein bisheriges Leben genau betrachtete, war es eine Kette von Niederlagen. Immer hatten ihm Angst und Unentschlossenheit einen Strich durch die Rechnung gemacht. Er hatte schon sehr viel einstecken müssen, ohne anderen jemals einen Strich durch die Rechnung machen zu können. Was er sich wirklich gewünscht hatte, hatte er niemals bekommen. Das war wahr. Immer hatte er Menschen gehaßt, die auf einem höheren Niveau standen, als er. Die Frau, die hier neben ihm saß, haßte und begehrte er. Vielleicht haßte er sie mehr, als er sie begehrte. Ihre Eroberung würde der größte Triumph für ihn sein.

Als er in seinem Stammlokal beim Abendessen saß, nahm er ein Foto von Ellen aus der Brieftasche? Es zeigte Ellen, wie sie aus dem Auto stieg. Er hatte das Foto während eines Ausfluges gemacht, zu dem ihn Kern eingeladen hatte. Er betrachtete die lange Linie des Halses und die Beine. Beim Essen ließ er das Bild neben dem Teller liegen. Er bestellte kurz nacheinander zwei Whisky. Ellen war nicht die erste verheiratete Frau, die er begehrte. Verheiratete Frauen waren verständiger als junge Mädchen und warteten oftmals auf einen Liebhaber. Frauen waren für ihn kein Geheimnis. Frauen liebten schönen Zeitvertreib, ein bißchen Abwechslung. Die meisten stellten nach der Heirat fest, daß die Wirklichkeit mit ihren Idealen nicht übereinstimmte. Dann flohen sie vor den Pflichten ins Kino oder wühlten Zeitschriften durch, auf der Jagd nach dem, was sie vermißten.

Stumpf zündete sich eine Zigarette an. Er wollte gegen acht zu Ellen gehen und sich diesmal nicht wieder ins Bockshorn jagen lassen. Er brauchte nicht zu befürchten, daß ihr Mann sie überraschte. Kern würde erst am Dienstag zurückkommen. So wie die Dinge lagen, würde es seine Frau kaum auf einen Streit ankommen lassen. Kern war auf seine Einlage angewiesen.

Kern brauchte nichts dringender als Kapital für seine Firma. Ja, wenn er kein Kapital brauchte, dann wäre es für seine Frau einfach. Aber so! Sie konnte es sich nicht leisten, ihn zu verärgern. Ohne ihn war die Firma keinen Pfifferling mehr wert. Er wußte, daß Ellen klug war, und sie war kein Teenager. Sie würde gut daran tun, sich ein bißchen für ihn zu interessieren. Was würde sie jetzt gerade tun? Lesen oder sich umziehen: für ihn. Er erinnerte sich an die Bücher, die sie in letzter Zeit gelesen hatte. Sie las Romane. War das nicht ein Zeichen für ihre Unzufriedenheit? Welcher Mann verstand es schon, seiner Frau Tag für Tag die Illusion eines Paradieses zu vermitteln. Er überlegte, ob er schließlich Erfolg bei Ellen haben würde. Er zweifelte. Er stellte nicht ihre Eroberung in Frage, sondern die Möglichkeit, von ihr leidenschaftlich geliebt zu werden. Frauen ihres Schlages liebten im allgemeinen selbstbewußte Männer, Partner, die stärker waren als sie. Sein Selbstbewußtsein war immer gering gewesen. Selbstvertrauen kam mit der Leistung. Er hatte noch nichts geleistet. Seine einzige Leistung hatte bisher darin bestanden, den Krieg zu überleben und sich in den Frieden hinüberzuretten. Aber für einen Feigling war das am Ende gar keine so große Leistung.

Er steckte das Foto von Ellen ein, und als die Kellnerin an seinem Tisch vorbeikam, zahlte er und ging.

## 3. Kapitel

Vor der Fabrik blieb Stumpf eine Weile stehen. Er hörte auf das monotone Klappern der Webstühle.

Er sah zum ersten Stock hinauf.

Im Wohnzimmer wurden eben die Gardinen vorgezogen. Wenn sie die Absicht hätte, mir aus dem Wege zu gehen, wäre sie heute abend ausgegangen, dachte er. Die Tatsache, daß Ellen daheimgeblieben war, stimmte ihn zufrieden. Oder kam die Zufriedenheit vom Whisky?

Er inspizierte die Weberei und zählte die fertigen Stücke, die aufeinandergeschichtet neben dem Meßrahmen lagen. Der Meister kam. Keine Reparatur! Stumpf lächelte. Die nächste Reparatur würde sicher bald fällig sein. Er wußte, daß die Stühle die Tourenzahl, die er bestimmt hatte, auf die Dauer kaum aushalten würden. Schönherr- und Großenhainwebstühle waren nicht der letzte Schrei. Er sah sich die Stückekarten an und stellte sie zufrieden in den Karteikasten zurück. Fünf neue Stücke! Nicht schlecht.

Ungeduldig ging er die Treppe in den ersten Stock hinauf. Obwohl die Tür zur Wohnung nur angelehnt war, drückte er auf den Klingelknopf und wartete.

Endlich hörte er Schritte und die Tür öffnete sich.

Stumpf holte tief Luft.

Vor ihm im erleuchteten Flur stand Ellen. In der Hand hielt sie eine horngefaßte Brille.

„Sie tragen eine Brille?" fragte er.

„Ich benutze sie nur beim Lesen", sagte sie. „Manchmal schmerzen die Augen." Sie bemühte sich, unbefangen zu erscheinen.

„Ich habe den Betrieb inspiziert", sagte er. Dann: „Haben Sie einen Augenblick Zeit?"

Sie wies mit der Hand in den Korridor. „Bitte . . ."

„In meinem möblierten Zimmer sitzt niemand, der auf mich wartet", sagte er mehr unbeholfen als liebenswürdig. „Ich überlege mir oft, wie man am besten mit dem Leben fertig wird . . ." Was hätte er für die gesellige Leichtigkeit eines Playboys gegeben. Aber er konnte nicht über seinen Schatten springen. Er war und blieb unbeholfen. „Es ist bestimmt nicht leicht, wenn man allein steht", fuhr er fort. „Was hat unsereiner schon vom Leben?"

Sie sagte nichts.

Aus dem Radio im Wohnzimmer kam leise Musik.

„Sie sind ja hier schon so gut wie zu Hause“, sagte Ellen und strich sich flüchtig übers Haar. Sie erinnerte sich an die Abende, da er mit ihrem Mann bei einer Flasche Wein Schach gespielt hatte. Georg hatte ihn jedesmal mattgesetzt.

„Sie haben geschmökert?“ Er ließ sich in einen Sessel fallen.

Er sah zur Couch hinüber, auf der ein Roman lag. „‚Ilona‘ von Habe“, sagte er laut. „Ganz nett!“ Ich habe den Roman in einer Illustrierten gelesen.

„Sie sind wirklich erstaunlich“, sagte Ellen. „Haben Sie den Nachmittag schon vergessen?“

Er lächelte: „Es ist doch nicht verboten, einer Dame Komplimente zu machen.“

„Es kommt darauf an, wem Sie Ihre Komplimente machen.“

„Ich bewundere Sie! Haben Sie das nicht schon am ersten Tag gefühlt? Das Leben ist leer, wenn ich nicht in Ihrer Nähe sein kann ... Das ist nicht nur so eine ...“

„Sie brauchen gar nicht weiter zu sprechen“, unterbrach sie ihn.

„Ich wünschte, Sie hätten etwas mehr für mich übrig“, sagte er. „Ich schätze Sie, weil Sie fraulich sind ... Sie sind ...“ Er ließ den Satz unvollendet im Raum schweben, weil sie sich brüsk abwandte.

„Und welchen Typ repräsentieren Sie als Mann?“ „Darf ich das vielleicht auch erfahren?“

Stumpf blinzelte. Seine Lippen waren schmal.

Ellen hatte das Gefühl, daß jetzt irgend etwas passieren mußte. Sie setzte sich auf die Couch und schlug die Beine übereinander. Sie spürt auf einmal das Verlangen, diesen Mann zu provozieren und ihn dann so abzuweisen, daß er keinen weiteren Versuch mehr unternimmt, sich ihr zu nähern. Deshalb ist sie daheimgeblieben. Sie weiß, daß sie sich in ein gefährliches Spiel eingelassen hat, aber sie will die Angst loswerden, die Stumpf in ihr hervorgerufen hat. Die Angst ist da, seitdem Stumpf zwischen zwei Zirkuswagen zu ihr gesagt hat: „Ihr Mann kommt erst am Dienstag aus Düsseldorf zurück.“ Plötzlich erfaßt sie Entsetzen. Was ist, wenn Stumpf nicht nachgibt? Auf einmal ist ihr klar, daß das weitere Schicksal der Firma allein von ihr abhängt. Wäre sie nur nicht daheimgeblieben. Was soll sie jetzt tun?

Sie klappte die Zigarettendose auf und Stumpf streckte wie hypnotisiert die Hand aus und nahm eine Zigarette. Er fingerte am Feuerzeug herum, das sie ihm hinschob. Er lächelte.

Er ist es, der geliebt werden will, dachte Ellen. Mit einemmal weiß sie alles über ihn. Sie versucht, ihn zu verstehen. Er braucht einen Menschen, der sich um ihn kümmert und ihm zu Selbstvertrauen verhilft. Was weiter? Sein Gesicht sagt ihr alles. Wie verlegen er wirkt.

„Mein Mann hat um sieben angerufen“, sagte sie. „Er hat zwei Aufträge durchgegeben. Ich habe sie notiert. Sie finden die Notizen im Büro.“

„Hoffentlich kommen noch mehr“, brummte er und schob die Zigarette in den Mundwinkel.

„Ganz sicher. Mein Mann besucht diesmal nur alte Kunden.“

„Warum lesen Sie Romane?“ fragte er sie unvermittelt.

„Ich hatte früher keine Zeit dazu“, antwortete sie. „Das ist alles.“

„Sie wollen sagen, daß Sie bei Ihrem Mann zum ersten Mal in Ihrem Leben Zeit zum Lesen haben, ja? Deshalb lieben Sie ihn?“

Sie gab ihm keine Antwort. Sie fragt sich, ob er überhaupt Nachsicht verdient. Wenn er doch endlich ginge und sie in Frieden ließe. Seit heute nachmittag ist sie ganz durcheinander. Sie fürchtet, Fehler zu machen. Sicher hat sie schon eine ganze Menge gemacht. Aber es ist das erste Mal, daß sie sich in einer solchen Situation befindet. Und noch dazu ist es ihr Teilhaber, nicht irgendein x-beliebiger Mann.

„Sie lieben ihn“, hörte sie Stumpf sagen, „und

er läßt Sie mit einem Roman zurück, ist das alles, was Sie sich von Ihrer Ehe erträumt haben? Ich ziehe die Wirklichkeit einem Roman vor ..."

„Ich liebe meinen Mann", sagte Ellen bestimmt, ohne ihn anzusehen.

Sie schaltete die Deckenbeleuchtung an.

Stumpf überlegte, ob er sich neben Ellen auf die Couch setzen sollte. Er begann zu frösteln. Jedesmal begann er zu frösteln, wenn er sich in einer solchen Lage befand. Selbst dann, wenn es armselige Liebschaften waren. Es war fatal. Ellen mußte jeden Augenblick bemerken, daß er zitterte. Dann würde sie sicher unter irgend einem Vorwand aufstehen. Er sog den Rauch tief ein und setzte sich, ohne noch länger zu zögern, neben sie. Sie mußte jetzt merken, daß er zitterte. Er zitterte wie Espenlaub.

Plötzlich legte er seinen Arm um sie.

Ellen rührte sich nicht. „Wollen Sie, daß ich aufstehe und das Zimmer verlasse?" Nehmen Sie den Arm von meiner Schulter ..." Ihr Gesicht wirkte starr und maskenhaft wie im Zirkus. Stumpf haßte diesen Gesichtsausdruck. Er wußte, daß er verspielt hatte, wenn das Gesicht einer Frau diesen lähmenden Ausdruck annahm. Ihre Festigkeit verwirrte ihn nur noch mehr.

Er ließ seinen Arm von ihrer Schulter gleiten.

Im Büro klingelte das Telefon.

Ellen eilte nach nebenan. Als sie wiederkam, sagte sie:

„Zwei Webstühle sind ausgefallen."

Er fragte: „Hat Ihnen Brandt gesagt, was passiert ist?"

„Bei einem Stuhl ist angeblich die Feder gerissen und am anderen der Schläger gebrochen..."

„Ein neuer Schläger ist in zehn Minuten eingesetzt", erklärte Stumpf. „Das ist nicht weiter tragisch."

„Es wäre sehr schön, wenn Sie einmal nachsehen wollten."

„Wie spät haben wir? Meine Uhr ist stehengeblieben..."

„Schon ziemlich spät. Neun!" Sie machte eine Pause. „Wollen Sie vorher eine Tasse Kaffee?"

„Wenn es Ihnen nichts ausmacht." Er starrte auf das Teppichmuster.

Ellen ging in die Küche und kam nach kurzer Zeit mit einer Tasse Neskaffee zurück.

Stumpf sah ihr mißmutig entgegen. Er trank seinen Kaffee.

„Ich danke Ihnen." Er stand auf.

Ellen reichte ihm die Hand.

„Guten Abend."

Ellen schloß erleichtert die Tür hinter ihm. Nach einer Weile hörte sie die Schiebetür im Parterre.

Als Stumpf eine Stunde später in den Waschraum ging, waren seine Hände schwarz und ölig. Diese elende Arbeit, dachte er mit verdrossener Miene. Nur Arbeit und Ärger und keine Freude. Ewig würde er hier nicht hocken bleiben, das wußte er. Nicht, weil er ehrgeizig war, sondern weil er es bequemer haben wollte. Er konnte es sich ausrechnen, wann die nächste Reparatur fällig sein würde. Aber bei neunzig bis hundert Touren würde etwas fertig werden. Weberei, das war pure Rechnerei. Das hatte er auf der Schule gelernt. Er würde die Tourenzahl nicht ermäßigen, und wenn die Stühle auseinanderbrachen. Der Laden mußte endlich etwas abwerfen. Er würde schon rechtzeitig aussteigen. In eine Pleite wollte er nicht mit hineinschliddern. Er besah sich seine Fingernägel und schaltete das Licht im Waschraum aus.

Als er den Hof überquerte, blickte er noch einmal zum ersten Stock hinauf. Die Fenster waren jetzt dunkel. Sie wird zu Bett gegangen sein, dachte er. Ob sie ihrem Mann etwas sagen wird? Und wenn schon. Dann war eben alles aus. Ärgerlich trat er den Heimweg an. Alles war verfahren. Wenn er im Krieg krepiert wäre, bräuchte er sich nicht mehr zu ärgern. Das Sterben hätte er dann schon hinter sich. Seit dem Krieg kam er nicht mehr zurecht. Vielleicht wäre alles anders gekommen, wenn er Inge geheiratet hätte, als er aus der Kriegsgefangenschaft heimkam. Er hätte sich daran gewöhnt, für jemand zu sorgen. Aber er konnte sich nicht entschließen. Und dann das böse Erwachen, als er feststellen mußte, daß Inge ihn betrog. Er dachte an den Abend, als er ihr heimlich gefolgt war. Sie trug einen schwarzen Mantel mit einem weißen Pelzkragen. Sie war so schnell zum Hotel gegangen, daß er ihr nur im Dauerlauf folgen konnte. Was ergaben seine Nachforschungen? Daß sie ein Rendezvous mit einem Vertreter einer Waschmittelfirma hatte. In einem Doppelzimmer!

Er hatte schon manchen schwarzen Tag erlebt. Der heutige Tag war auch einer. Gut, daß morgen Sonnabend war. Er nahm sich vor, übers Wochenende zu seiner Mutter nach Frankfurt zu fahren. Er war nicht anders als andere Menschen. Er war ein ganz gewöhnlicher Durchschnittsbürger. Er wünschte sich ein behagliches Heim, einen gepflegten Garten und einen ruhigen Sonntag. Das alles hatte er bei seiner Mutter. Montag oder Dienstag würde er wieder zurückfahren.

## 4. Kapitel

Kern war mit seiner Geschäftsreise ins Rheinland zufrieden. Seine alten Geschäftsfreunde hatten ihm genügend Aufträge für die nächsten Monate überschrieben, so daß er ausverkauft war. Kern wußte, daß jeder von ihnen ein alter Hase in der Kleiderbranche war. Sie redeten nicht viel, aber was sie versprachen, das hielten sie. Die Erfolge waren ihm nicht in den Schoß gefallen, er hatte um jeden Abnehmer kämpfen müssen. Kunden waren nur durch die Qualität und den Preis zu überzeugen und nicht durch schöne Worte. Man mußte schon etwas leisten, wenn man einen Konkurrenten aus dem Felde schlagen wollte. Er stellte in seinem Betrieb bessere Ware her als manches große Unternehmen.

Der Zug raste mit 120 Stundenkilometern durch die hereinbrechende Dämmerung. Kern knöpfte sein Jackett zu. Noch drei Minuten. Er dachte an seinen Teilhaber. Seine Stirn zeigte Falten. Stumpf erschien ihm wie die personifizierte Gleichgültigkeit. Wenn er kein Kapital gebraucht hätte, um die Rentabilität zu erhöhen, hätte er auf einen Teilhaber verzichtet. Am Anfang hatte er sich auch vorgenommen, allein zu bleiben. Aber eine Fabrik brauchte Kapital. Kapital war das Blut für einen Produktionsbetrieb.

Er dachte an die Zukunft. In den nächsten Jahren würde er noch Kapital zur Anschaffung von Automaten benötigen. Aber einen weiteren Teilhaber wollte er nicht aufnehmen. Vielleicht änderte die Bank ihre Haltung. Unzuverlässigkeit konnte man ihm nicht vorwerfen. Trotzdem reagierte die Bank jedesmal empfindlich, wenn er die Rede auf eine Krediterhöhung brachte. Trotz aller Erfolge. Aber er würde weiter hart arbeiten und die Herren von der Bank durch seine Leistung mehr und mehr in die Enge treiben. Sein Kopf war nicht weniger hart.

Kern griff nach seinem Koffer.

Ellen holte ihn am Bahnhof mit dem Wagen ab.

„Laß dich anschauen", lächelte sie. „Wenn man sich ein paar Tage nicht gesehen hat, forscht man nach einer Veränderung."

„Ich nicht", lachte er. „Du bist so schön wie eh und je."

„Du hast eine Falte auf der Stirn." Sie berührte sie mit dem Finger. „Hast du Sorgen? Siehst du, wie gut es ist, daß ich dich anschaue..."

„Mach dir keine Gedanken", sagte Kern. „Die Falte war schon immer da."

Daheim nahm er sie sanft in die Arme und küßte sie lange.

Sie hielt die Augen geöffnet.

„Ich freue mich, daß ich wieder zurück bin", sagte er.

Im Wohnzimmer öffnete er eine Flasche und füllte zwei Gläser. Es war beruhigend, wieder in seinen vier Wänden zu sein.

Ellen legte die Wagenschlüssel auf den Tisch. Sollte sie Georg sagen, was während seiner Abwesenheit vorgefallen war? Sie kannte Georg. Er würde den Vertrag mit Stumpf sofort lösen. Aber was wäre dann mit der Firma? Das Geld, das Stumpf in den Betrieb eingebracht hatte, steckte restlos in Halb- und Fertigfabrikaten. So groß war ihr Barvermögen nicht, daß sie Stumpf die Einlage sofort zurückerstatten konnten.

Kern unterbrach ihre Gedanken mit den Worten:

„Ist Stumpf zurechtgekommen?"

Ellen kam es so vor, als ob Georg sie dabei prüfend ansah. Oder täuschte sie sich?

„Doch, doch", sagte sie leichthin. „Er war übers Wochenende in Frankfurt."

Kern trat mit ihr ans Fenster. Er wollte ihr sagen, wie sehr sie ihm gefehlt hatte.

Sie ergriff seine Hand, als hätte sie seine Gedanken erraten.

Er fragte: „Ist das Garn aus Roubaix schon eingetroffen?"

„Ja, schon in der vergangenen Woche", sagte sie. Ihr Lächeln verflog. „Stumpf nimmt das Garn als Schuß für Artikel Einhundertzwölf."

„Weißt du das bestimmt?"

„Er meinte, die Kunden würden es nicht merken..."

„Der ist wohl völlig verrückt. Der Posten Einfachgarn ist doch nicht für die laufende Partie bestimmt! Alles Anschlußaufträge! Ich bin auf jeden Meter angewiesen!"

Ellen nickte. „Ich habe ihm auch abgeraten, obwohl ich nicht genau wußte, was du mit dem französischen Garn vorhast..."

„Wir können doch Femina-Bekleidung keinen Gabardine mit Einfachgarn liefern. Die schicken uns die Ware postwendend zurück.

Stumpf meinte, du hättest ja sowieso vor, Gabardine mit Einfachgarn zu fabrizieren."

„Natürlich, aber ich habe ihm ausdrücklich gesagt, daß Nr. 24/1 für einen neuen Artikel bestimmt ist. Er soll gefälligst die Finger von Sachen lassen, die nicht vereinbart wurden..."

„Stell dir vor, er sagt, von der Fabrik verstünde er mehr als du... Ich fand das frech."

„Er hat doch keine Erfahrung", sagte Kern ruhig. „Wo soll er denn die Praxis herhaben? Wo war er denn vorher? Auf der Schule und in der Großhandlung seines Vaters. Weil er von seinem Vater viel Geld geerbt hat, glaubt er, daß er alles kann.“

„Sprich doch noch mal mit der Bank!“ sagte Ellen.

„Du meinst, wegen eines höheren Kredits ...?“

„Ja! Wenn dir die Bank einen höheren Kredit gibt, kannst du auf Stumpf verzichten.“ Ellen legte ihm die Hand auf die Schulter. „Tu mir den Gefallen und sprich mit der Bank, Georg. Am besten schon morgen!“

„Na, so eilt es ja nicht ...“

„Doch ...!“ Sie hielt inne und biß sich auf die Unterlippe, so als hätte sie einen Fehler gemacht. „Ich meine, es wird besser für dich sein, wenn du wieder allein bist“, fügte sie hinzu. „Du siehst, mit Stumpf gibt es ständig Ärger. Heute ist es dies und morgen jenes. Und im Laufe der Zeit leidet sicher das Geschäft.“

„Banken wollen Sicherheiten“, erwiderte Kern, „und die hab’ ich nicht ... Woher soll ein Vertriebenenunternehmen ausreichende Sicherheiten nehmen? Unsere Betriebe und Grundstücke haben die Polen! Sie haben unser Privateigentum widerrechtlich beschlagnahmt. Die Betriebe waren nicht Eigentum des Staates.“

„Die Bank kennt doch die Schwierigkeiten, mit

denen Vertriebenenunternehmen zu kämpfen haben ..."

„Den Herren von der Bank kannst du tausendmal dasselbe sagen ... Ohne Erfolg! Bei höheren Krediten fordern sie großartige Sicherheiten. Ja, wenn ich ein einheimischer Fabrikant wäre ..."

„Sie werden dir sicher helfen, wenn du ihnen sagst, daß dein Teilhaber nicht der richtige Mann für dich ist. Erinnere dich nur an das, was dir Direktor Hohn gesagt hat. ‚Na, Ihr Teilhaber macht nicht gerade den besten Eindruck.' Das waren doch seine Worte. Banken haben schließlich einen Blick für Menschen ... Sonst hätten sie dir bestimmt keinen Kredit eingeräumt."

„Na, so groß war ihre Hilfe bis jetzt nicht", entgegnete Kern. „Den Kredit haben sie mir schließlich nur gegeben, weil ich ihnen die Maschinen der ‚Mela' abgenommen habe. Und was sie als Kreditsicherung verlangten, weißt du ja: Existente Forderungen von 290 Prozent der jeweiligen Inanspruchnahme. Ich finde, das ist 'n bißchen viel ..."

„Trotzdem, du mußt mit ihnen sprechen, Georg?"

„Natürlich ist es besser, wenn man auf keinen Teilhaber angewiesen ist. Wenn mich die Bank ernsthaft unterstützt hätte, hätte ich auf einen Teilhaber verzichten können. Aber diese Leute bei den Banken hier scheuen jedes Risiko. Die wollen ihre Ruhe haben. Vertriebenenbetriebe sind für sie ein rotes Tuch ..."

„Vielleicht bekommst du bald dein Aufstockungsdarlehen?"

„Du kennst doch die Ämter, die haben Zeit."

„Ruf doch mal an beim Ausgleichsamt."

„Ich rufe jede Woche an, um die Schadensfeststellung zu beschleunigen ... Und was sagen sie mir? Wir haben Wichtigeres zu tun. Man hat den Eindruck, daß sie ihre Brotzeit meinen; wenn ich sowas noch mal höre, wende ich mich an den Oberbürgermeister. Der ist ihr Dienstvorgesetzter."

## 5. Kapitel

Als Stumpf am nächsten Morgen gegen neun ins Büro kam, saß Kern schon über eine Stunde am Schreibtisch.

Stumpf reichte ihm steif die Hand. „Morgen!"

Kern erhob sich. „Morgen!"

„Hier war nichts Besonderes los", sagte Stumpf.

Sie sahen sich an.

Kern sagte ruhig: „Meine Frau sagte mir, Sie hätten angeordnet, daß das Garn aus Roubaix als Schuß für Artikel Einhundertzwölf verwendet wird. Das war nicht ausgemacht!"

„Das geht, das geht", erklärte Stumpf. „Sehen Sie sich doch die Ware an!"

„Das habe ich bereits getan ..."

„Dann haben Sie sicher festgestellt, daß kein Unterschied da ist. Ich bin dafür, in Zukunft nur noch Einfachgarn zu schießen und die Preise beizubehalten."

„Mit Nr. 24/1 wird Artikel Einhundertzwölf zu unruhig."

„Für das Warenbild leg ich die Hand ins Feuer!"

„Die Garnproben, die uns Roubaix geschickt hat, wiesen Nummernschwankungen auf. Ich hab' Sie damals darauf aufmerksam gemacht. Ich gebe zu, die Nummernschwankungen waren geringfügig, aber immerhin ..."

„Das Warenbild sieht nicht ungleichmäßig aus!" rief Stumpf. „Die ersten Stücke sind schon in der Appretur."

Kern musterte ihn. Er sah Haß in seinem Gesicht. Aber er durfte nicht nachgeben. Ohne den Blick von Stumpfs bleichem Gesicht zu wenden, sagte er:

„Herr Stumpf, in Zukunft möchte ich von solchen Dingen vorher unterrichtet werden. Sie können nicht eigenmächtig eingeführte Artikel ändern! Die Ware in den Stühlen ist restlos verkauft, ich bin auf jeden Meter angewiesen." Er hielt inne. „Ich habe die Weber gestern abend noch angewiesen, für die laufende Partie wieder den alten Schuß zu verwenden. Wir können den Kunden keine Ware liefern, die sie nicht bestellt haben!"

„Wolle ist Wolle!" Stumpf verschränkte die Arme vor der Brust.

„Das überlassen Sie mal mir", sagte Kern scharf. „Das Geschäft habe ich aufgebaut, und ich möchte meinen Grundsätzen treu bleiben."

„Phrasen!"

„Ich kann es auch auf deutsch sagen, Herr Stumpf: Ich mache keinen Dreh!"

„Sie tun ja gerade so, als ob ich die Kunden übers Ohr hauen wollte..." Stumpfs Gesicht zuckte.

„Schon gut."

„Sie tun ständig so, als ob nur Ihre Entscheidungen etwas taugen und meine Ideen Blödsinn sind. Sie wollen die einzige Autorität hier sein. Das ist alles...! Sie sprechen zwar von einer Teilung der Verantwortung, aber in Wirklichkeit denken Sie ganz anders. Wie soll man denn danoch Lust haben...?"

„Wollen Sie sich entschuldigen?"

Stumpf sah ihn finster an.

„Ich habe mich nicht zu entschuldigen! Das wäre ja noch schöner. Ich bin Teilhaber, ich habe die gleichen Rechte wie Sie!"

„Und dieselben Pflichten", ergänzte Kern. „Wir hatten eine tätige Teilhaberschaft vereinbart. Sie erinnern sich doch? Aber Sie kommen um neun und um halb vier gehen Sie, ins Café oder sonst wohin, weiß ich..."

„Ich kann kommen und gehen, wann es mir paßt."

„Wir brauchen darüber gar nicht lange zu reden, Herr Stumpf. Sie..."

„Sie weichen mir schon die ganze Zeit aus", fiel

ihm Stumpf ins Wort. „Sie haben mir vorgeworfen, daß ich einen Dreh machen will.“ Es klang aufreizend freundlich.

„Wir haben den Kunden die Ware zu liefern, die sie bestellt haben und nichts anderes.“

Stumpf ließ ein kurzes, höhnisches Lachen hören.

„Machen Sie sich doch nicht lächerlich“, sagte er.

„Ich sage Ihnen, das sind alles alte Hasen, die gehen Ihnen nicht auf den Leim!“

„Und jetzt will ich Ihnen mal was sagen“, brauste Stumpf auf, „ich habe mich an Ihrer Bude beteiligt, um was zu verdienen, ja? Ich möchte Gewinne sehen, aber nicht so einen lahmen Betrieb, wie bisher! Ist das klar? Wenn Sie so weitermachen, sind Sie über kurz oder lang pleite, das sag ich Ihnen ... pleite, hab ich gesagt!“

Kern lächelte spöttisch: „Sie sind wohl ein alter Praktiker, wie?“

„Ach, reden Sie doch keinen Stuß! Das ist ja alles Stuß, was Sie da reden. Wenn's Ihnen nicht paßt, kann ich ja gehen, lieber heute als morgen!“

Kern bezwang sich. Sein Mund war schmal. Er stand auf und ging im Zimmer auf und ab. Bei jedem Schritt knarrte der Holzfußboden.

„Suchen Sie sich einen anderen Teilhaber“, hörte er Stumpf sagen. „Einverstanden? Sie geben mir mein Geld zurück! Heute ist der Zwölfte! Sagen wir, bis Ende des Monats!"

„Ihre Einlage steckt in Halb- und Fertigfabrikaten", entgegnete Kern. Seine Stimme war fest. Er ging weiterhin im Zimmer auf und ab, die Hände auf dem Rücken gefaltet.

„Dann müssen Sie eben schnellstens Ware verkaufen und die eingehenden Schecks und Wechsel an mich abtreten! Oder Sie verkaufen Maschinen ..." Stumpf wandte sich mit einem listigen Lächeln zur Tür. „Die Maschinen werden Sie sicher sofort los ..."

Im nächsten Augenblick wurde die Tür geöffnet und Ellen kam herein.

Sie sah von einem zum andern. „Störe ich?" fragte sie sofort.

„Du störst nicht", sagte Kern.

„Wir unterhalten uns gerade über Rentabilitätsfragen", grinste Stumpf mit vertraulicher Miene. „Ich habe Ihrem Mann vorgeschlagen, in Zukunft nur noch billige Garne zu verarbeiten, damit endlich mal was verdient wird."

„Ich möchte auch verdienen", sagte Kern, „aber nicht auf Ihre Art!"

„Man könnte ja die Preise erhöhen", riet Ellen vorsichtig, „und die alte Qualität beibehalten ..."

„Das ist mir egal", warf Stumpf ein und lehnte sich gegen die Tür. „Irgend etwas muß jedenfalls geschehen ... Die Preise liegen alle zu niedrig. Ich mache das nicht mehr länger mit!"

Er zündete sich hastig eine Zigarette an. Er merkte, daß Ellen es vermied, ihn anzusehen. Also hat sie ihm nichts gesagt, dachte er. Kern, der hinter seinem Schreibtisch saß, kam ihm auf einmal kleiner vor, als er in Wirklichkeit war. Na, seine Frau war keine Heilige. Sie hatte kapiert, um was es ging. Sie hatte den Mund gehalten, und sie würde auch weiterhin den Mund halten.

„Also, ich finde auch, daß wir etwas zu billig sind", meinte Ellen.

„So, findest du?" Kern sah sie düster an.

Schweigen.

„Ja, wir verarbeiten immerhin reine Wolle." Ellen hatte das Gefühl, daß es jetzt wichtig war, irgend etwas zu sagen, ganz gleich was. Sie spürte, daß Stumpf sie ansah. Er war sicher mit Georg zusammengeprallt, weil das französische Garn verarbeitet wurde. Ruhig fuhr sie fort: „Wenn wir die Preise nur um zehn Pfennig erhöhten, machte sich das schon ganz schön bemerkbar, bei den Tausenden von Metern ..."

„Unsere Preise stehen in einer Front mit den Preisen der Konkurrenz", sagte Kern. „Um billige Artikel in Mengen zu fabrizieren, bräuchten wir mehr Maschinen." Und zu Stumpf gewandt. „Wir unterhalten uns nachher darüber."

„Na schön", sagte Stumpf. In der Tür drehte er sich noch mal um. „Wenn Sie mich suchen, ich bin im Betrieb."

Er machte die Tür laut hinter sich zu.

„Was war denn los?" fragte Ellen, als sie allein waren.

„Er hat mit Ausscheiden gedroht."

Kern sah vor sich hin und überlegte. „Dabei hat er den wenigsten Grund, den Vertrag zu lösen."

Ellen gedehnt: „Er hat mit Ausscheiden gedroht?"

„Er machte Andeutungen."

„Was machen wir nun?" Sollte sie Georg sagen, daß Stumpf sie während seiner Abwesenheit bedrängt hatte. Aber dadurch würden die Schwierigkeiten nur noch größer werden. Stumpf würde alles abstreiten und sofort nach Frankfurt zurückgehen. Sie konnte Georg nicht die Wahrheit sagen. Nur wenn sie schwieg, half sie ihm.

„Ich muß mich sofort nach Ersatzkapital umsehen", sagte Kern. „Ich habe keine Zeit zu verlieren. Ich muß die Lücke sofort schließen können, wenn er tatsächlich die Absicht hat, in Kürze auszusteigen."

Er begann wieder ruhelos im Zimmer auf und ab zu gehen. Im Krieg war er in besetzten Ländern die Straßen vieler Städte auf und ab gelaufen. Später hatte er seine Runden in Kriegsgefangenenlagern gedreht, und nun ging er in seiner Wohnung hin und her. Zuerst hatte ihn der Krieg in Bewegung gehalten, und jetzt war es der Konkurrenzkampf.

„Zahl' Stumpf die Einlage zurück", sagte Ellen, „auch wenn er nicht vorhaben sollte, auszuscheiden."

Kern blieb stehen.

„Ich fand es sehr unpassend, daß du dich eingeschaltet hast, als wir uns über die Preise unterhielten." Er runzelte die Stirn. „Du weißt genau, daß wir nicht teurer sein können. In die Kalkulation lasse ich mir von Stumpf nicht dreinreden."

„Ich habe ja nur gemeint..."

„Wir können keinen Pfennig teurer sein als die Konkurrenz", unterbrach sie Kern.

„Und wenn wir nur noch billige Garne verarbeiten?"

„Dafür fehlen bei uns augenblicklich alle Voraussetzungen. Das hab' ich dir schon früher erklärt. Wir können mit den Maschinen, die uns zur Verfügung stehen, unmöglich Mengen produzieren." Er blickte aus dem Fenster. „Ich habe nicht das Geld, um mehr Maschinen zu kaufen... Die Bank wird nicht sagen: Herr Kern, wir haben gehört, Sie wollen Automaten kaufen. Bitte schön, hier haben Sie das Geld dafür! Nun nehmen Sie's doch! Wir freuen uns, daß wir Ihnen behilflich sein können. Den Kunden, die nichts haben, helfen wir am liebsten. Und nun erfolgreiches Arbeiten! Nein, nein, das können wir uns aus dem Kopf schlagen. In dieser Stadt ist man nicht an vollautomatischen Fabriken und Einfamilienhäusern für Arbeiter interessiert. Hier ist man nicht für Erleichterungen. Hier sieht man, wie zu Großvaters Zeiten, die große Masse von morgens früh bis abends spät lieber im Geschirr. So ist das hier!"

Ellen ging auf ihn zu und legte die Arme um ihn.

„So darfst du nicht reden, Georg! Es macht mich ganz krank, wenn ich dich so sprechen höre. Alles wegen des Geldes! Du bist nervös. Es ist ja auch nicht verwunderlich. Immerfort dies Ungewisse... Wenn das ein Leben lang so weitergehen soll..."

„Willst du mich im Stich lassen?"

„Aber nein, das weißt du doch genau! Ich möchte nur, daß du es nicht so schwer hast. Hätte ich dir damals nur nicht zugeredet, einen Teilhaber aufzunehmen. Wie ich das schon bereut habe... Für uns hätte es auch so gereicht. Daß du Arbeitsplätze geschaffen hast, dankt dir doch niemand."

„Bevor Stumpf kam, haben wir praktisch von der Hand in den Mund gelebt“, entgegnete Kern. „Wir konnten überhaupt keine Rücklagen bilden. Aber Rücklagen brauchen wir. Wir brauchen Reserven zum Kauf und zur Erneuerung von Maschinen und Reserven für weniger gute Zeiten. Wo Betriebe sich selbst finanzieren müssen, ist der Gewinn das A und O des Unternehmens. Ein Vertriebenenunternehmen zu konsolidieren ist nun mal kein Zuckerlecken. Alle Kredite müssen getilgt werden. Und dann die Zinsen, die zu zahlen sind.“ Er lächelte innerlich. Trotzdem hatte ihm der Aufbau des Betriebes bisher Spaß gemacht. Erfolg, der nur in Geld bestand, galt ihm nicht als wirklich erstrebenswert. Es war immer die Freude an der erfolgreichen Arbeit gewesen, die ihn angespornt hatte. Und so sollte es bleiben.

„Wenn du den Betrieb nicht gegründet hättest, hättest du heute weniger Sorgen. „Sie hatte ‚wir‘ sagen wollen, im letzten Augenblick hatte sie sich anders besonnen. Sie wollte nicht unzufrieden und unglücklich erscheinen. Sie mußte ihm helfen. Aber das konnte sie nur, wenn sie tapfer wirkte. Sie mußte tapfer sein, und wenn es ihr noch so schwer fiel. Das nahm sie sich in diesem Augenblick ernsthaft vor.

Kern sah sie an. „Mein Vater und mein Großvater waren auch Weber“, sagte er.

„Ich weiß, Georg. Ich verspreche dir, dich zu unterstützen, wo ich nur kann ... Mein Leben ist ganz und gar unwichtig, weißt du. Ich möchte nur für dich da sein ... Du hast meinem Leben erst Sinn gegeben.“ Sie streichelte seinen Kopf.

Er sah, wie Tränen in ihre Augen stiegen.

Sie sagte: „Ich weiß, daß du es schaffen wirst.“

„Es gibt Dinge, die man sich nicht aussuchen kann“, sagte er. „Ich bin von Jugend auf für die Weberei erzogen worden. Am Sonntag nahm mich mein Vater mit in die Fabrik. Dreihundert Webstühle in einem Saal, das ist ein imposanter Anblick ... Man läuft nicht davon, wenn es einmal düster aussieht. Die Unternehmer müssen das Wirtschaftsleben in Gang halten, auch wenn Außenstehende am einzelnen desinteressiert sind und sagen: Auf einen mehr oder weniger kommt es nicht an oder: Wenn X kaputtgeht, tritt eben Y an seine Stelle. Das ist das freie Spiel der Kräfte ...“

„Komm’, ich mach’ uns eine Tasse Kaffee“, sagte Ellen und ging mit ihm ins Wohnzimmer.

Stumpf sah auf das Rollen der Webstühle, die in zwei Reihen aufgestellt waren. Der Rhythmus ging ihm auf die Nerven. Rhythmus bei den Platinen und Schäften, bei den Wechseln, Kästen und Schützen. Und dazu ohrenbetäubender Lärm. Zwischen dem Metall schimmerten die weißen Ketten. Zehntausende von Fäden rückten Millimeter um Millimeter vor, wanderten durch die Blätter und wurden vom Schußfaden gebunden. Ein Vorgang, der sich am Tag 4,320.000mal wiederholte.

Zwischen den Stühlen liefen die Weber in ihren blauen Anzügen hin und her, wechselten die Schützen und strichen das Garn mit Kettenglätte ein.

Auf der anderen Seite des Saales, hinter einer Glaswand, waren Frauen an breiten Tischen mit dem Ausnähen von Fadenbrüchen beschäftigt.

Stumpf stand unter der gelben Tafel „Rauchen verboten" und dachte an die Auseinandersetzung mit Kern. Er hatte nicht aus Berechnung aufgetrumpft, sondern ganz einfach die Beherrschung verloren. Dies und jenes war daran schuld. Wahrhaftig, er hatte Kern nicht beleidigen wollen, obwohl er ihn haßte. Auf jeden Fall mußte der gute Kern jetzt den Eindruck haben, als ob er sich aus der Beteiligung nichts mehr mache. Er würde sicher sofort mit seiner Frau darüber sprechen. Er würde vielleicht sagen: Du, Stumpf will ausscheiden, und sie würde antworten: Das wäre ja schlimm fürs Geschäft, Liebling, um Gottes Willen, bloß das nicht!

Möglich, daß sie sich jetzt mehr Mühe gab, ihn zu halten. Bisher hatte sie herzlich wenig für ihn übrig. Er hatte es gern, wenn die Frauen kamen und ihn umwarben. Bei Ellen hatte er jetzt etwas nachgeholfen. Warten wir mal ab, dachte er. Von Ellen umworben zu werden, würde ihm ein Vergnügen sein. Zufrieden stellte er fest, daß sie mit ihrem Mann nicht über den Nachmittag im Zirkus und das andere, was am Abend gefolgt war, gesprochen hatte. Konnte sie wohl auch schlecht, so wie die Dinge lagen. Wenn sie es getan hätte, säße er jetzt schon im Zug nach Frankfurt.

Er wandte sich dem Ausgang zu. Das verdammte Geklapper. Er brauchte dringend eine Portion Kaffee. Er brauchte jeden Tag seinen Kaffee. Im Schützenloch in Rußland hatte er sich oft eine Tasse Kaffe gewünscht, obwohl er erst achtzehn Jahre alt war. Aber das nächste Café lag tausend Kilometer entfernt, in Ratibor oder Breslau. Endlich konnte er Kaffee trinken, so viel er wollte.

Draußen auf dem Flur kam ihm Ellen entgegen. Sie versperrte ihm den Weg.

„Sie dürfen das nicht so schwernehmen“, sagte sie mit dunkler Stimme.

„Was?“ Er blieb stehen und sah sie groß an. „Was soll ich nicht so schwernehmen?“

„Die Auseinandersetzung mit meinem Mann.“

Es entstand eine Pause.

„Ich habe es mir überlegt“, sagte er feindselig. „Ich werde Ihnen beweisen, daß ich handeln kann... Ihr Mann soll mir möglichst bald meine Einlage zurückerstatten. Ich habe keine...“

„Nun hören Sie mich bitte einmal an!“ unterbrach sie ihn. „Sie wissen doch, um was es geht. Es ist schließlich auch in Ihrem Interesse, wenn den Kunden die Ware geliefert wird, die sie bestellt haben. Sie wissen, daß der Umsatz von Jahr zu Jahr gestiegen ist. Vergessen Sie bitte, was war.“

„Meinen Sie, ich lasse mir von Ihrem Mann sagen, ich sei jemand, der einen Dreh machen will...?“

„Mein Mann hat das nicht so gemeint.“

„Oh doch!“

„Sie kennen meinen Mann! Er möchte zufriedene Kunden, das ist alles. Ist das so schwer zu verstehen? Ich könnte mir vorstellen, daß Sie beide recht gut miteinander auskommen könnten, aber Sie müssen auch ein bißchen nachgeben. So kann es doch unmöglich weitergehen...“ Sie sprach in wachsender Erregung. „Mein Mann hat es sehr schwer gehabt, bis heute. Wollen Sie es ihm noch schwerer machen? Ich kann Ihnen nur sagen, daß es für ihn als Heimatvertriebenen nicht leicht war, Fuß zu fassen. Er möchte nicht, daß das, was er in Jahren in mühseliger Arbeit aufgebaut hat, leichtfertig aufs Spiel gesetzt wird..."

Stumpf wandte sich ab und zog die Augenbrauen hoch. „Wenn Sie meinen, daß ich leichtfertig bin."

„Das war nicht so gemeint", sagte Ellen und ging neben ihm her. „Mein Mann muß auch ständig achtgeben, daß ihm keine Fehler unterlaufen. Er hat den ganzen Betrieb im Kopf, das wissen Sie ja."

„Man könnte doppelt soviel verdienen, wenn die Sache anders angepackt würde", erklärte Stumpf. „Aber Ihr Mann läßt sich ja nichts sagen. Er glaubt, wunder, wie schlau er ist... Das Gehalt, das mir Ihr Mann zahlt, erhalte ich woanders alle Tage und von dem Gewinn, von dem soviel gesprochen wurde, habe ich noch nichts gesehen. Aber der letzte Status sagt mir, daß er ziemlich mager sein wird! Um sowas zu erleben, hätte ich nicht in dieses Kaff zu kommen brauchen, in dem die einzige jährliche Attraktion ein Zirkus ist."

„Herr Stumpf, Sie wissen, daß sich mein Mann im wahren Sinne des Wortes abrackert. Tut er das nicht auch für Sie? Was unternimmt er nicht alles, um den Kapitalumlauf zu beschleunigen und das Geschäft hochzubringen. Weiß Gott, er könnte es auch einfacher haben. Bitte, machen Sie es ihm doch nicht so schwer. Wenn man ein Geschäft hat, hat man doch an sich schon Ärger genug. Einmal mit Lieferanten und zum andern mit verschiedenen Kunden. Aber das wissen Sie ja alles selbst. Jeden Tag ist etwas anderes los! Mein Mann braucht einen Teilhaber, der ihn aktiv unterstützt..."

„Die Arbeit muß auch was einbringen."

„Warten Sie doch erst mal die Bilanz ab!"

„Was soll ich mit einem Fetzen Papier?"

„Herr Stumpf, Sie wissen, es ist noch niemals soviel produziert worden, wie in den letzten Wochen..."

„Es ist alles verfahren", sagte er vor sich hin. Er hatte die Hände in den Hosentaschen.

„Sie müssen den festen Willen haben, mitzuhelfen! Man darf nicht gleich die Flinte ins Korn werfen..."

„Es ist alles verfahren", murrte er.

„Wenn ich daran denke, wie mein Mann angefangen hat."

„Das sind alles solche Reden." Er tat weiterhin abweisend.

„Ich möchte Ihnen einen Vorschlag machen!" sagte Ellen. „Sie kommen heute abend zu uns zum Abendessen. Dann sprechen Sie sich mit meinem Mann einmal gründlich aus."

„Haben Sie mit Ihrem Mann schon darüber gesprochen? Oder geht die Einladung von Ihnen aus?"

„Ich habe mit meinem Mann noch nicht darüber gesprochen. Aber ich glaube, er wird nichts dagegen haben. Sie sitzen doch beide in einem Boot. Es hat keinen Zweck, in Feindschaft miteinander zu leben, wenn man in einem Boot sitzt. Also verbleiben wir so: Sie kommen gegen halb acht zum Abendessen."

„Ich weiß nicht... Ich gebe Ihnen noch Bescheid. Auf Wiedersehen."

Seine Hand war eiskalt.

Ellen kehrte ins Büro zurück. Ich verstehe mich selber nicht mehr, dachte sie niedergeschlagen. Sie hat eben gegen ihre Überzeugung gehandelt. Seit Tagen nimmt sie sich vor, Stumpf aus dem Wege zu gehen. Und was tut sie jetzt? Das genaue Gegenteil. Freilich, diesmal ist Georg da, und sie hat Stumpf ja nur eingeladen, um Georg zu helfen. Trotzdem kommt sie sich mit einemmal furchtbar schlecht vor, würdelos. Was ist in wenigen Tagen aus ihr geworden? Eine Frau, die einem Mann, der sie beleidigt hat, ein schönes Gesicht macht. Gut, daß Stumpf gegangen ist. Sie kann ihn nicht mehr sehen. Aber in ein paar Stunden wird er wiederkommen. Wie soll sie sich dann verhalten? Müssen sie nicht froh sein, wenn

Stumpf am Abend kommt und einlenkt? Bis jetzt hat Georg noch keinen Pfennig Ersatzkapital und auch keine Lohnaufträge. Es muß doch einen Ausweg geben. Wenn ich mich nur jemandem anvertrauen könnte. Sie sieht Stumpfs Gesicht: Zu einer höhnischen Grimasse erstarrt.

Erschöpft ließ sie sich im Büro in einen Sessel sinken und seufzte.

Kern blickte auf.

„Ich habe Stumpf zum Abendessen eingeladen", sagte sie matt.

„Doch nicht heute?"

„Du mußt mit ihm sprechen, Georg", beschwor sie ihn.

„Natürlich. Aber noch wichtiger ist es, daß ich mit der Bank spreche."

„Du mußt Stumpf zu halten versuchen", sagte Ellen. „Wenigstens vorläufig..."

„Selbstverständlich würde mir seine Einlage fehlen. Darauf möchte ich es augenblicklich nicht ankommen lassen."

„Wenn wir das alles vorher gewußt hätten."

„Im Geschäftsleben läßt sich nun eben mal nicht alles hundertprozentig voraussagen, solange noch jeder Unternehmer auf sich allein gestellt ist." Er machte eine Pause, dann sagte er mit Nachdruck: „Wenn mir die Bank nicht aus der Patsche hilft, werde ich wieder auf Lohnarbeit übergehen müssen. Es bleibt mir nichts anderes übrig. Der Verein der Südbayerischen Textilindustrie hat sicher ein paar Webereien in petto, die Lohnaufträge vergeben. Ich kann doch keine Stühle stehenlassen, nur weil es meinem Teilhaber paßt, auszuscheiden. Was auch immer geschehen mag, der Betrieb muß weiterlaufen wie ein Uhrwerk. Vielleicht ist das hier nicht möglich, aber zu Hause haben wir's so gehalten, und den Vorteil hatten fünfhundert Angestellte und Arbeiter..."

Ellen beugte sich vor und sann nach.

„Vielleicht kommt Stumpf gar nicht zum Abendessen. Was meinst du?"

„Schwer zu sagen. Ich bin bisher aus ihm noch nicht schlau geworden. Ich weiß nur eines: Daß ich ihm unsympathisch bin. Einmal weil es mir gelungen ist, einen Betrieb aufzubauen, und zum anderen wegen dir... ja, ja, er mißgönnt mir sicher auch meine Frau!"

„Aber, Georg!"

„Warum nicht? Es sieht so aus, als ob er Schwierigkeiten hätte, eine ordentliche Frau zu finden. Das führt zu Ressentiments. Er hat nicht das Auftreten, das einer Frau imponiert. Er gehört zu den Menschen, die immer davon träumen, daß ihnen eines Tages gebratene Tauben in den Mund fliegen."

Ellen griff nach dem gläsernen Aschenbecher, der auf dem Tisch stand und drehte ihn fortwährend im Kreise. Das geschliffene Glas sprühte Licht.

„Heute nachmittag gehe ich zur Bank", fuhr Kern, indem er eine Akte zuklappte, fort. „Wie spät haben wir jetzt? Ich sollte den Direktor gegen halb zwölf anrufen." Er sah auf seine Armbanduhr.

Ellen nickte. „Es ist halb zwölf."

„Schön". Er griff nach dem Telefonhörer und verlangte Direktor Hohn. Sein Gesicht wirkte angespannt.

Als Kern den Hörer wieder auflegte, sagte er:

„Hohn erwartet mich um drei. Ich soll einen Status mitbringen."

„Kann ich dir etwas helfen?"

„Du könntest bei der Aufstellung der Forderungen helfen. Fräulein Hennig soll auch die Rechnungen erfassen, die noch nicht gebucht sind. Ich brauche alle Forderungen."

„Ist gut."

„Fräulein Schwarzmann soll mir das Wareneingangsbuch 'raufbringen."

## 6. Kapitel

Direktor Hohn unterbrach die Wanderung durch sein Zimmer und setzte sich an seinen Schreibtisch, auf dem nichts weiter als ein Glas Wasser, ein Fläschchen mit Pillen und ein Füllfederhalter zu sehen waren. Hohn war klein, rund und unauffällig.

Inspektor Reiter von der Kreditabteilung rückte einen Stuhl heran. Sein hageres Gesicht wirkte grau.

„Kern möchte einen höheren Kredit“, sagte Hohn.

„Die Sicherheiten sind gleich null“, sagte Reiter.

„Sie meinen die Maschinen . . .?“

Reiter nickte. „Und mit der Ware können wir auch wenig anfangen. Die Spinnereien liefern die Ware unter Eigentumsvorbehalt.“

„Wie hoch ist der Kredit augenblicklich? Durch den Urlaub bin ich nicht mehr auf dem Laufenden.“ Er nahm eine Pille und spülte sie mit einem Schluck Wasser hinunter.

„Die Kontoschuld, einschließlich Kreditkosten, betrug gestern 4062,41 DM.“ Reiter las die

Einzelheiten von einem Zettel ab, den er in der Hand hielt. „Im Mai haben wir ihm den Barkredit von 10.000 DM verlängert. Die an uns abgetretenen Forderungen belaufen sich auf 25.000 DM.“

„Er erwähnte wieder seine Lastenausgleichsansprüche.“

Reiter winkte ab. „Das kann noch lange dauern, bis der Vertreibungsschaden festgestellt ist.“

„Kerns hatten ein größeres Unternehmen“, sagte Hohn, indem er das halbleere Glas auf den Schreibtisch zurückstellte. „Die Unterlagen über die frühere Firma kennen Sie doch.“

„Sie sind mir bekannt.“

„Wir könnten ihm ja noch ’n bißchen unter die Arme greifen. Aber die Lastenausgleichsansprüche können wir unmöglich als Sicherstellung eines höheren Kredits anerkennen. Die Entschädigung macht doch nur ein paar Prozent aus.“

„Ich möchte zu größter Vorsicht raten“, sagte Reiter.

„Ich habe noch gar nicht gewußt, daß Sie auf Kern so schlecht zu sprechen sind. Er hat Sie doch nicht etwa geärgert?

„Das nicht! Aber ich meine, daß die Vertriebenen und Flüchtlinge schon viel zuviel Einfluß bei uns gewonnen haben. Sollen eines Tages nur Zugereiste im Stadtrat sitzen?“

Hohn faltete die Hände.

„Also, wir gehen über Zehntausend nicht hinaus!"

„Man muß ihm klarmachen, daß die Maschinen keine Sicherheit für uns sind!"

„Die Maschinen hat er doch von uns", warf Hohn ein. „Jedenfalls den größten Teil."

„Gott sei Dank, daß wir sie los sind! Die Vorgängerfirma hat sie in der Bilanz mit 35.000 aufgeführt ..."

„Ich weiß."

„... Und Kern weist sie mit fünfundzwanzig aus. Ich meine, alle zusammen sind keine zehntausend Mark mehr wert!"

Hohn trommelte auf die Schreibtischplatte. „Wir können von Glück sagen, daß wir die Maschinen losgeworden sind."

„Wenn es sich Kern nicht in den Kopf gesetzt hätte, die ‚Mela' zu übernehmen, hätten wir inserieren müssen. Das wäre eine langweilige Angelegenheit geworden. Eine oberfränkische Weberei hätte es sich überlegt, hier unten Stühle zu kaufen. Da wären die Transportkosten am Ende höher gekommen als die Maschinen."

„Da haben Sie verdammt recht! Wollen wir froh sein, daß wir so gut aus der Sache rausgekommen sind. Hätte einen schönen Eindruck beim Direktorium gemacht, wenn wir auf den

Maschinen hockengeblieben wären. Schals von der ‚Mela' haben wir ja noch." Hohn lachte. „Die hat Kern nicht haben wollen. Dabei wärmen sie ganz tadellos. Meine Frau ist sehr zufrieden."

„Meine auch", lächelte Reiter.

„Gehen Sie mir weg mit der Wirtschaft", sagte Hohn. „Ich weiß Bescheid!" Er spielte mit seinem Pillenfläschchen. „Die Heimatvertriebenen sind doppelt schlecht dran."

„Man sollte nur Steine aufheben, die man tragen kann", erklärte Reiter.

Es klopfte, und ein junger Bankangestellter kam leise herein.

„Herr Kern."

„Führen Sie ihn herein!" sagte der Direktor und erhob sich aus seinem Sessel.

Der junge Bankangestellte öffnete Kern weit die Tür.

„Grüß Gott, Herr Kern!" Hohn ging ihm über den spiegelnden Parkettboden entgegen und verbeugte sich. Wenn er einem Mann, der hart arbeitete, die Hand gab, hatte er immer ein komisches Gefühl.

„Ich hoffe, ich komme nicht zu früh", sagte Kern.

„Keineswegs." Hohn lächelte kalt.

Reiter rückte einen Stuhl für Kern heran. Er war die aalglatte Höflichkeit in Person.

„Danke!"

Sie setzten sich und Hohn fragte:

„Na, haben Sie schöne Aufträge?"

„Ich bin ausverkauft", sagte Kern. „Wir arbeiten seit Wochen in Schicht."

„Haben Sie den Status dabei?"

Hohn streckte die Hand aus.

„Bitte sehr!" Kern reichte ihm zwei zusammengeheftete Blätter.

„Lassen Sie mal sehen!" Hohn kniff die Augen zusammen. „Für was wollten Sie den höheren Kredit?" fragte er reserviert. „Sicher als Betriebsmittel..."

„Ja", sagte Kern gepreßt, und er begann von den Differenzen mit seinem Teilhaber zu berichten. Die beiden Bankleute sahen ihn starr an, die Lippen eingezogen. Sie hörten ihm zu, ohne ihn ein einziges Mal zu unterbrechen. Reiters Gesicht wirkte noch hagerer als sonst. Er saß unbeweglich wie eine Statue, die Beine übereinandergeschlagen. Es ist gut, keinen Entschluß fassen zu müssen, dachte Hohn. In diesem Fall hatten sie den Entschluß schon vorher gefaßt. Er war sehr zufrieden. Gönnerhaft forderte er Kern auf, fortzufahren, als dieser einmal eine Pause machte.

„Sehr bedauerlich", sagte Hohn, als Kern geendet hatte und wechselte einen Blick mit Reiter. „Das ist natürlich eine ganz neue Situation."

Seine Stirn zeigte Falten. „Das müssen Sie zugeben."

Er reichte die Unterlagen, die ihm Kern gegeben hatte, an seinen Mitarbeiter weiter.

„Wir haben hin und her überlegt", fuhr Hohn fort, während Reiter die Zahlen überflog, „aber wir sehen beim besten Willen keine Möglichkeit, einem Antrag auf Einräumung eines höheren Kredits stattzugeben. Wir müssen Sie bitten, Ihre Dispositionen weiterhin innerhalb der vereinbarten Linie zu treffen. Sie wissen, wir haben unsere Vorschriften."

„Und die Auseinandersetzung mit Ihrem Teilhaber macht das Bild keineswegs rosiger", setzte Reiter hinzu. Er zeigte ein hartes Gesicht.

„Wenn alles in Butter wäre, säße ich nicht hier", sagte Kern.

„Trotzdem, wir können über unsere Vorschriften nicht hinaus."

Hohn wirkte jetzt noch steifer als vorher. „Wir brauchen Sicherheiten", fuhr er fort. „Wie gesagt, wir sind an unsere Bestimmungen gebunden."

Reiter gab den Status an seinen Chef zurück. Er sah höchst offiziell drein und nickte.

„Ihre Maschinen können wir leider nicht als ausreichende Sicherstellung akzeptieren."

„Ich bin überrascht, daß Sie die Maschinen

heute ablehnen", entgegnete Kern. „Es ist noch gar nicht so lange her, daß ich sie Ihnen abgekauft habe... Das hat mich mein gutes Geld gekostet. Von Fair Play kann da nicht..."

„Gebrauchte Maschinen sind ein Kapitel für sich", sagte Hohn zurückhaltend. „Sie wissen, daß Maschinen infolge von Abschreibungen eines Tages nur noch mit einer Mark zu Buche stehen können..."

Das Telefon klingelte.

Hohn ergriff den Hörer. „Ja, ich höre..." Er sah beim Telefonieren aus dem Fenster und spielte mit der Zunge an der Oberlippe. „Da bin ich ja wieder fein raus! Das geben Sie doch zu, oder? Wiederhören!" Er legte den Hörer sanft auf und sah einen Augenblick verträumt ins Leere. Er mußte sehr weit weg und sehr zufrieden sein.

„Sie wollen also den Regenschirm zumachen", begann Kern das Gespräch fortzusetzen.

„Pardon..." sagte Hohn, „was haben Sie gesagt?" Er sah Kern jetzt an.

„Sehen Sie, Herr Kern", schnarrte Reiter, „Sie weisen da in Ihrem Status beachtliche Forderungen aus! Da befinden sich doch Posten darunter, die auf Grund des verlängerten Eigentumsvorbehalts der Spinner für uns gar nicht greifbar sind..."

„Auch Ihre Lastenausgleichsansprüche sind keine Sicherheit“, sagte Hohn eifrig. „Sie sind ebenfalls nicht greifbar, jedenfalls vorläufig noch nicht. Das geben Sie doch zu?“

„Ich bin dabei, die Schadensfeststellung zu forcieren!“ erklärte Kern. „Sobald der Vertreibungsschaden festgestellt ist, steht der Gewährung eines Aufstockungsdarlehens nichts mehr im Wege. Ich habe mich bereits beim Ministerium erkundigt. Es müßte doch möglich sein, das Aufstockungsdarlehen zu bevorschussen. Herr Ministerialrat Dr. Wendel vom Arbeitsministerium bestätigt Ihnen sicher gern, daß dort die grundsätzliche Bereitschaft besteht, mir ein weiteres Darlehen zur Konsolidierung des Unternehmens zu gewähren.“

„Werden die Darlehen gegen Ihre Hauptentschädigung verrechnet?“ fragte Hohn trocken.

„Die Umwandlung des ersten Darlehens habe ich schon beantragt. Zinsen und Tilgung kommen nach der Umwandlung sofort in Wegfall.“

„Dann schmilzt die Passivseite etwas zusammen“, bemerkte Hohn.

„Warum führen Sie eigentlich keine Lohnaufträge durch?“ schaltete sich Reiter ein, indem er kurz auf seinen Chef blickte, der durch ein leichtes Kopfnicken ein Zeichen der Zustimmung gab. „Andere führen auch Lohnaufträge durch.

Denken Sie mal an die Spinnerei Schneider. Die arbeitet in Schicht! Die wird durch Lohnaufträge gesund. Auch ein Flüchtlingsunternehmen. Die haben nicht mehr Kapital als Sie..." Er bekam plötzlich den Schlucken. „Verzeihung!" murmelte er. Wieder meldete sich der Schlucken.

„Ich halte in einem solchen Falle die Luft an", bemerkte Kern.

„Und bis zehn zählen!" empfahl Hohn.

„Ich möchte kleinen Lohnwebern nicht das Brot wegnehmen", antwortete Kern auf Reiters Vorschlag. Er sah, daß Reiters Gesicht etwas Farbe bekam, während er die Luft anhielt. „Ich sehe bei meinem Auftragsbestand keinen Grund, die Eigenproduktion aufzugeben. Ich weiß nicht, ob Sie die Weblohnpreise kennen...?" Er sah Hohn und Reiter nacheinander an. „Bei Baumwolle beträgt der Weblohn noch nicht einmal eine Mark pro Meter, bei Wolle eine Mark und fünfzig. Das ist zum Leben zu wenig und zum Sterben zuviel. Ich hab's ja schon mal mitgemacht, wenn Sie sich erinnern können... Im übrigen müßte ich bei einer Umstellung des Betriebes auf Lohnarbeit Abschlüsse bei den Spinnern stornieren." Er griff in seine Aktentasche und zog ein paar Schriftstücke hervor. „Aus diesen Schreiben können Sie ersehen, daß meine Kunden – durchwegs Kleiderfabriken – mit den von mir hergestellten Qualitäten zufrieden sind..."

Hohn hob abwehrend die Hände. „Wir glauben es Ihnen ja!"

Kern legte die Briefe dem Direktor auf den Schreibtisch.

„Letzten Endes entscheidet nur die Qualität der Erzeugnisse", sagte Kern mit Nachdruck. „Es wäre etwas anderes, wenn ich Dreck produzieren würde, dann könnte ich natürlich nicht mit Ihrer Unterstützung rechnen. Das ist klar. Aber ein Unternehmen, das jahrein, jahraus einwandfreie Stoffe fabriziert, dürfte kreditwürdig sein. Die Briefe da vor Ihnen sind der Beweis dafür, daß mein Betrieb eine wirtschaftliche Funktion erfüllt. Außerdem sind auch meine Preise in Ordnung. Sonst hätte ich bisher nichts verdient..."

„Trotzdem ist es Ihnen nicht gelungen, von Krediten unabhängig zu werden", konterte Reiter.

„Mein Unternehmen ist bestimmt nicht das einzige, dem die Eigenkapitalbildung schwerfällt", erwiderte Kern ruhig. Pause. „Sie wissen, daß ich buchstäblich von vorn anfangen mußte. Das gilt sowohl im Hinblick auf die Produktion als auch auf den Kundenstamm. Und Sie wissen, daß ich keinen Kredit, ich meine keinen Programmkredit von einer Million beantragt habe, als ich erst drei Kunden hatte...! Ihr Freistempler druckt auf jeden Brief den Slogan ‚Einhundertfünfundsiebzig Jahre im Dienste der Wirtschaft'. Ich fordere bestimmt nichts Ungewöhnliches von Ihnen, wenn ich heute einen Überbrückungskredit beantrage. Als Heimatvertriebener verfügte ich nach der Vertreibung nur über meine Arbeitskraft."

Hohns Augen waren starr auf Kern gerichtet. Dieser Kern war ein Luder. Er machte es einem verdammt schwer, abzulehnen. Aber so waren sie schließlich alle. Die Vertriebenenunternehmen hatten ihn schon Nerven gekostet. Früher war das Geschäft einfacher. Da kamen höchstens Handwerker oder Bauern. Das war eine glatte Sache. Die Preise für Kühe, Kälber und Schweine blieben sich im großen und ganzen immer gleich. Aber bei den seit dem Kriege hier ansässigen Vertriebenenunternehmen stand man einer völlig neuen Materie gegenüber. Das weite landwirtschaftliche Hinterland machte ihm keine Sorgen, aber die Industriebetriebe, die ihm auf den Pelz rückten. Fabriken waren ihm so fremd wie Kalkutta oder Singapur. Man hatte keine Ahnung, was so eine Maschine leistete, wieviel ein Kilo Kammgarn 100 Prozent reine Wolle brachte, wieviel Meter es ergab und was umsatzmäßig die Norm war. Keine Ahnung! Man war auf die Angaben der Unternehmer angewiesen. Und das war das Risiko. Da ließ man sich am besten erst gar nicht allzuweit ein. Er lehnte lieber einen Antrag mehr als einen zu wenig ab. Er war schließlich an der Vertreibung nicht schuld, er hatte nichts auszubügeln. Oder doch? Daß er der Partei angehört hatte, war nicht zu leugnen. Aber dafür hatte er schon gesühnt, als zwangsverpflichteter Straßenkehrer, kurz nach dem Krieg. Die von der Spruchkammer sollten heute mal kommen und bei ihm einen Kredit beantragen. Ja, es war ein kolossaler Sturz damals. Im Krieg war er immerhin Major, und im ersten Urlaub nach der Beförderung zum Major hatte er sein Reitpferd am Fenstergitter neben dem Portal der Bank angebunden. Ein großer Tag. Der Gaul hatte sich sehr brav aufgeführt. Kein Pferdeapfel! Er erinnerte sich genau.

Kern riß ihn aus seinen Gedanken. „Ich möchte Sie nicht länger aufhalten." Er sagte sich, daß es keinen Zweck hatte, auch nur eine Minute länger zu verhandeln. Wenn man das, was war, als Verhandeln bezeichnen konnte. Wenn man keine starke Position hatte, fühlte man sich nicht als Verhandlungspartner. Er erhob sich. Es fiel ihm plötzlich schwer, zu reden. Sein Blick streifte die alten Stiche an den gelbtapezierten Wänden. Alles war ihm durch unzählige Besuche vertraut, selbst die Ablehnung weitergehender Kreditwünsche.

„Halten Sie uns bitte über die weitere Entwicklung auf dem laufenden“, sagte Hohn verkniffen lächelnd.

„Selbstverständlich.“

„Was machen übrigens die Importe?“ erkundigte sich Hohn noch.

„Die Lage ist unverändert“, sagte Kern. „Es werden nur billige Sachen eingeführt.“

„Es tut uns leid“, sagte Hohn zum Abschied. Er drückte Kern kurz die Hand, kraftlos.

Kern verbeugte sich und ging nach draußen.

Reiter machte schweigend die Tür hinter ihm zu.

„Das ist ein Engagement, das mir gar keine Freude macht“, sagte Hohn vor sich hin.

„Ich bin dafür, daß Kern den Kredit zurückführt“, sagte Reiter. „Bei den gelegentlichen Zessionsprüfungen stellen wir oftmals ein Sicherheitenmanko fest.“

„Die eingegangenen Forderungen muß er natürlich jeweils schnellstens durch neue ersetzen.“

„Ich habe seine Buchhaltung schon ein paarmal darauf aufmerksam gemacht. Ihm persönlich hab' ich's auch schon gesagt. Ich habe ihm gesagt, daß er von sich aus verpflichtet ist, die Zessionen laufend aufzufüllen.“ Er hielt inne. „Ich schlage vor, weder den Kontokorrent- noch den Wechselkredit zu verlängern. Wenn es einmal hart auf hart geht, bekommen wir kaum alle an uns abgetretenen Forderungen zu Gesicht. Ein Teil der Forderungen geht nämlich auf seinem Postscheckkonto ein, über das wir augenblicklich keine Kontrolle haben. Auf Grund der Fakultativklausel sind andere Institute nicht verpflichtet, Überweisungsbeträge an uns weiterzuleiten. Nach meinen Feststellungen gehen 25 Prozent der an uns abgetretenen Forderungen woanders ein. Entweder auf dem Postscheckkonto oder bei einer anderen Bank... Oder sie haben überhaupt nicht bestanden, was ebenfalls denkbar wäre..."

„Das glaube ich nicht", sagte Hohn bestimmt. „Wir sehen ja nur die Schecks, aber nicht Barzahlungen und Wechsel, die er an seine Lieferanten weitergibt..." Er überlegte. „Übrigens, was machen wir, wenn sich Kern weigert, den Kredit zurückzuzahlen, wenn er auch diesmal wieder auf Verlängerung besteht?"

„Dann legen wir die Forderungen offen!" lächelte Reiter. „Und zwar sämtliche! Das dürfte ihm nicht angenehm sein. Auf die Kunden macht es nicht gerade den besten Eindruck, wenn sie von uns aufgefordert werden, die Rechnungen direkt bei uns zu bezahlen..."

„In diesem Fall wird Kern bestimmt zum Direktorium fahren", meinte Hohn. „Ich sehe

Schwierigkeiten voraus, mein lieber Reiter! Aber wir werden damit fertig werden."

„Wir hätten Kern damals gleich abwimmeln sollen."

„Da haben Sie recht! Aber jetzt haben wir ihn am Halse und kriegen ihn nicht wieder los... Ich bin heute den ersten Tag aus dem Urlaub zurück und solche Perspektiven!"

„Daß ihm der Teilhaber davonläuft, also etwas anderes ist es doch nicht, ist schließlich nicht unsere Schuld. Meiner Meinung nach hat er zuviel in Garnen investiert, und das beeinträchtigt die Liquidität. Er sollte 'n paar tausend Meter weniger produzieren..."

Hohn hustete, daß die Backen wie aufgeblasen wirkten. Als er sich wieder gefangen hatte, sagte er:

„Eine Kammgarnweberei braucht doch ungeheuer viel Kapital, so wie ich im Laufe der Zeit gesehen habe. Meine Güte noch mal!" Er hustete wieder.

„Er hat eben einen sehr großen Stein aufgehoben", sagte Reiter mit süffisantem Lächeln. „Wenn jeder einen Betrieb aufmachen wollte, in der Annahme, daß andere dann schon helfen werden. Das wäre ja noch schöner. Wir haben schließlich auch keinen Betrieb aufgemacht. Man muß seine Grenzen kennen. Nach meinem Dafürhalten geht er in Konkurs, wenn der Teilhaber ausscheidet! Ich glaube nicht, daß ich mich täusche. Sie werden sehen, ich behalte recht... Ich habe einen Blick dafür!"

Hohn steckte sein Pillenfläschchen in die Jackentasche.

„Möglich."

Reiter eisig:

„Wir sind doch kein Wohlfahrtsunternehmen für Flüchtlinge."

„Das auf keinen Fall", pflichtete ihm Hohn bei. „Übrigens möchte ich zwei Jahre vor meiner Pensionierung keinen Schnitzer machen..."

## 7. Kapitel

Ellen war im Schärraum, wo mehrere Frauen damit beschäftigt waren, große weiße Kreuzspulen auf das Schärgatter zu stecken.

Als Kern den Raum betrat, zählte Ellen eben die Bänder auf der Schärtrommel.

„Nun, was hat die Bank gesagt?" empfing sie ihren Mann.

„Zwecklos!"

Sie sah ihn betroffen an. „Sie wollen dir keinen höheren Kredit geben?"

„Komm mal!" Er faßte sie am Arm und ging mit ihr in den Garten hinter dem Betrieb.

Es roch nach Heu. Kern wanderte auf dem kurzgeschorenen Rasen auf und ab.

„Ich kann die Bank nicht begreifen..." sagte Ellen.

„Wir werden schon zurechtkommen", beruhigte er sie. „Wir sind ja bisher klargekommen, was, Ellen?" Er legte den Arm um ihre Schulter.

„Das schon... Aber jetzt kannst du Stumpf nicht sofort die Einlage zurückerstatten."

„Na, es eilt ja nicht so... Warten wir erst mal ab, was Stumpf unternimmt. Wir werden eben bis auf weiteres Kompromisse schließen müssen. Ohne Kompromisse geht's im Leben nicht."

„Vielleicht versuchst du's bei einer anderen Bank..."

„Das kommt nicht in Frage. Die Leute von den Banken kennen sich doch alle. Die halten zusammen... Meinst du, daß einer den andern lächerlich machen wird...?"

Pause.

„Gut, daß ich Stumpf heute abend eingeladen habe", sagte sie.

„Stumpf kann sowieso nicht so ohne weiteres davonlaufen..."

„Meinst du?"

„Er wäre gezwungen zu klagen, wenn ich Schwierigkeiten mache. So ein Prozeß beim Landgericht ist nicht in ein, zwei Tagen abgewickelt."

„Aber das ist doch alles mit viel Ärger verbunden."

„Das schon. Er könnte zum Beispiel rein vorsorglich Maschinen pfänden lassen..." Kern ging wieder im Gras auf und ab.

„Um Gottes willen! Nur das nicht..."

Kern blieb vor einer kleinen Tanne stehen. „Die ist jetzt fünf Jahre alt", sagte er. „Ich weiß noch, wie ich sie eingesetzt habe. Es war ein warmer Maitag."

„Der Platz scheint ihr zu behagen“, sagte Ellen.

„Die Tanne ist mein Talisman. Wo sie wächst, ist meine Heimat.“ Er sah auf Ellen. „Ich meine: Unsere Heimat!“

Sie strich ihm lächelnd übers Haar. „Schon gut.“

„Ich muß weiter ...“ sagte er und verließ den Garten.

„Die Nachmittagspost ist schon gekommen.“

„Ist Stumpf da?“

„Er ist vor zehn Minuten gegangen.“

Ellen griff nach einer Hacke und lockerte bei den Schwertlilien den Boden.

Den Garten hatte sie nach der Hochzeit angelegt. Georg hatte sie ans Fenster gezogen und auf eine Rasenfläche vor dem gegenüberliegenden Gebäude gezeigt. „Dort drüben auf der Wiese kannst du dir einen Garten anlegen“, hatte er gesagt. „Ein Lehrling soll entlang der Straße Löcher für Sträucher ausheben. In der Nähe ist eine Gärtnerei. Da bekommst du alle Sorten von Sträuchern.“ Am nächsten Tag hatte sie in der Gärtnerei Sträucher und Erdbeerpflanzen gekauft. Es lag jetzt über zwei Jahre zurück. Die Sträucher waren noch nicht sehr groß, aber alle grünten.

Zum ersten Mal in ihrem Leben besaß sie eine Heimat. Die ersten Wochen nach der Hochzeit waren ihr wie ein Traum vorgekommen. Sie hatte eine Wohnung vorgefunden, in der sie schalten und walten konnte, wie sie wollte. Die drei Zimmer, die Küche und Georgs Büro lagen an einem acht Meter langen Korridor, in dem es eine helle Kommode, einen Wandspiegel und drei schlichte Wandlampen gab. Die hellen Fußbodenbretter waren mit farblosem Lack gestrichen. Hinter der Wohnung lag der Speicher, wo Platz für weitere sechs Räume war. Aber an den Ausbau des Speichers dachten sie vorläufig nicht. Ellen hatte sich in dieser Wohnung, die Georg kurz vor der Hochzeit hatte bauen lassen, vom ersten Augenblick an wohlgefühlt. Bis zuletzt hatte Georg gesagt, sie könnten noch nicht heiraten, weil er keine Wohnung habe. Und dann auf einmal war doch eine Wohnung dagewesen. Aber bei aller Freude hatte sie sich im Hinblick auf die Zukunft niemals Illusionen gemacht. Aber sie waren ja noch jung, und Georg hatte nichts anderes im Kopf als seinen Betrieb.

Schon oft hatte sie überlegt, wie sie Georg am besten helfen könne. Einmal, es war noch vor ihrer Hochzeit, hatte sie sich wegen des Hauses ihres verstorbenen Wuppertaler Großvaters an einen Onkel gewandt, der Notar in Hessen war. Jemand hatte ihr gesagt, daß sie pflichtteilsberechtigt sei. Der Onkel hatte sehr schnell geantwortet. Er schrieb, sie sei Nacherbin und könne nur das erhalten, was nach dem Ableben der befreiten Vorerbin noch übrig sei. Dieser Brief war ein Schock für sie. Georg zuliebe hätte sie gern einen Erfolg gehabt.

Ellen stellte die Harke in die Ecke und schnitt ein paar Schwertlilien ab. Es war jetzt fünf. Sie überlegte, was sie Stumpf vorsetzen sollte. Vielleicht Schnitzel? Dann mußte sie noch zum Fleischer.

Während sie durch den Korridor ihrer Wohnung ging, klingelte das Telefon.

Sie eilte ins Büro und nahm hastig den Hörer ab.

Es war Stumpf.

„Ich wollte Ihnen nur sagen, daß ich heute abend nicht kommen kann..." Sein Tonfall änderte sich leicht. „Ich habe etwas Fieber. Wahrscheinlich habe ich mich im Zug erkältet."

„Sie denken an die Fahrt nach Frankfurt...?"

„Ganz recht."

„Ich wünsche Ihnen gute Besserung." Ihr fiel nichts weiter ein.

Ellen sah aus dem Fenster und lehnte den Kopf an die Scheibe. Wie oft hat sie in den letzten Tagen schon so dagestanden. Müde und ratlos. Geschäftliche Sorgen haben alle Kaufleute, aber diese Sorgen, die sie jetzt hat, haben nicht alle.

Und das Schlimme ist, daß sie sich niemandem anvertrauen kann. Was soll sie auch sagen? Sie kann ihrem Mann nur schaden, wenn sie redet. Sie wird sich mit Stumpf noch einmal gründlich aussprechen, sobald er wieder im Betrieb erscheint. Das Fieber, von dem er gesprochen hat, ist sicher nur ein Vorwand. Er ist schon öfter daheimgeblieben, ohne daß er wirklich krank war. Er will nur der Unterredung mit Georg aus dem Wege gehen. Das ist alles. Wenn sie nur wüßte, was er wirklich vorhat. Georg hatte ihm doch die Bilanzen gezeigt. Erst danach war es zum Vertrag gekommen. Georg hatte von Anfang an mit offenen Karten gespielt.

Der einzige Ausweg, den sie sieht, ist, schnellstmöglichst Ersatzkapital zu beschaffen. Sie kennt den Syndikus einer Münchner Bank. Vielleicht kann er helfen. Dann wären alle Schwierigkeiten mit einem Schlag überwunden. Sie nimmt sich vor, sobald wie möglich nach München zu fahren, um mit Herrn Seifert zu sprechen. Sie wird ihm heute oder morgen schreiben. Sicher ist seine Zeit genau eingeteilt, denn er ist ja nicht nur Syndikus, sondern daneben auch Bundestagsabgeordneter und Rechtsanwalt mit eigener Kanzlei.

## 8. Kapitel

Ellen öffnete erschrocken die Augen. Draußen war es schon hell.

Kern ergriff ihre Hand. „Du hast gerufen …"

Sie drehte sich zu ihm um.

„Ich habe furchtbar dummes Zeug geträumt …" Sie faßte sich an den Kopf und schloß einen Augenblick die Augen. „Denk dir, vorm Haus stand ein Möbelwagen …"

Kern schüttelte den Kopf. „Ich muß aufstehen!" sagte er. Mit einem Satz war er aus dem Bett und zog die Vorhänge auf. Die Sonne schien. „Ich fahre heute!"

„Und wenn Stumpf wieder nicht kommt."

„Ich kann die Fahrt nach Augsburg und Karlsruhe nicht mehr länger hinausschieben. Unser Teilhaber feiert sicher noch länger krank!"

Kern ging ins Badezimmer, öffnete das Fenster und machte ein paar Freiübungen. Er hatte sich schon daran gewöhnt, daß Stumpf nur selten im Betrieb war. Er hätte keine Ausdauer, den ganzen Tag auf der Couch zu liegen und Zeitschriften zu lesen. Kern begann, sich zu rasieren.

Ellen saß im Bett und dachte über ihren Traum

nach. Es war ein großer gelber Möbelwagen, und zwei Männer in blauen Anzügen transportierten die Möbel über die Treppe hinunter. Ihr Anblick ängstigte sie jetzt noch. Ich darf nicht mehr daran denken, dachte sie, ich muß diesen Spuk loswerden. Vielleicht vergesse ich alles, wenn ich aus dem Bett bin. Sie stand schnell auf und folgte Georg ins Bad.

Sie schlang ihre Arme um ihn. Er hatte ein Handtuch um den Hals. Sie lächelte. Es machte ihn so sportlich. Sie spürte den Duft seines Rasierwassers. Er hob mit dem Zeigefinger ihr Kinn sanft an. „Es wird alles gut werden."

Eine Stunde später hatten sie gefrühstückt, und Kern ging in den Hof und verstaute die Kollektionen im Wagen. Er mußte zum Verein der Südbayerischen Textilindustrie und sich in Karlsruhe den Anschlußauftrag von Femina-Bekleidung sichern. Er ging nicht gern auf Reisen, er hatte nicht viel übrig für das Leben in Hotels und Restaurants, die überall gleich waren. Am Morgen beherrschten Kaufleute und Vertreter mit ihren Auftragsbüchern die Tische. Dazu dezente Radiomusik. Immer häufiger hörte man an den Nebentischen Französisch, Italienisch und Englisch. Am Abend flimmerte der Bildschirm. Und wieder Auftragsbücher. Überall begleiteten ihn die Gedanken ans Geschäft. Was wird mit den

Maschinen sein? Werden Schecks kommen? Sein Leben war ausgefüllt. Vielleicht stimmte es, daß die Unrast, die in der Hauptsache die Befriedigung der primitivsten Lebensbedürfnisse zum Ziel hatte, die Menschen abhielt, etwas zu tun. Zu viele Menschen waren Tag für Tag zu lange unterwegs. Wenn man berücksichtigte, daß der Fleiß von Milliarden Menschen bis heute nicht ausgereicht hat, stabile Verhältnisse in der Welt zu schaffen, konnte man nur mit dem Kopf schütteln.

Um neun Uhr fuhr Kern. Übermorgen wollte er zurück sein.

Es kam der Nachmittag.

Als Stumpf bis zwei nicht gekommen war, entschloß sich Ellen, ihn aufzusuchen. Sie konnte das Gefühl, das sie bewog, ihn zu besuchen, nicht genau definieren. Neugierde mischte sich mit Angst. Wer weiß, ob sie jetzt auf dem Weg zu ihm wäre, wenn Georg einen positiven Bescheid von der Bank erhalten hätte. Sicher nicht. Sie mußte daran denken, daß Stumpf noch nicht verheiratet war. Er hatte ihr einmal gesagt, daß er seit dem Krieg Nihilist sei. Hing es damit zusammen? Georg war auch im Krieg gewesen. Warum war Stumpf Nihilist und Georg nicht? Vielleicht war Georg bis zu einem gewissen Grad auch nihilistisch eingestellt. Außer um seinen Betrieb kümmerte er sich um nichts in der Welt. Politik lehnte er ganz und gar ab. Politik war für ihn zur Zeit die nebensächlichste Sache der Welt. Entsprechend dachte er über die Politiker. Wenn man weiß, pflegte er zu sagen, daß alle Menschen, ganz gleich wo sie leben, Nahrung, Bekleidung und Wohnraum nötig haben, ist die Welt gar nicht mehr so kompliziert. Die Erkenntnis, daß die Welt gar nicht so kompliziert ist, wie immer glauben gemacht wird, war ihm während der Kriegsgefangenschaft in Nordafrika gekommen, am Nullpunkt des Seins. In der Wüste, wo es nur Sand und Himmel und den Menschen gab. Der Betrieb, den er sich dann, nach der Rückkehr aus der Kriegsgefangenschaft, aufgebaut hatte, war sein Lebensinhalt. Georg hatte sich in seine Arbeit verbissen. Stumpf fehlte das.

Ellen bog in die Straße ein, in der Stumpf wohnte. Vor seinem Haus blieb sie einen Augenblick stehen und sah sich um. Sie wunderte sich über ihre innere Kraft. Sie hätte es früher nicht für möglich gehalten, so überlegt und selbständig zu handeln. Aber ging es nicht auch um sie? Sie wußte, daß ihr Schicksal mit dem der Firma unlösbar verbunden war.

Als sie auf die Klingel drückte, spürte sie ihr Herz im Halse schlagen. Sie kam sich vor wie eine Frau, die ihren Geliebten aufsucht. Es war absurd, aber sie konnte das Gefühl nicht loswerden.

Stumpf öffnete und stutzte.

Sie sah sein großes Gesicht. Er war unrasiert.

„Ich wollte sehen, wie es Ihnen geht . . .“ sagte sie.

„Wollen Sie nicht nähertreten?“ Seine Hände wehten hierhin und dahin. Er führte sie in sein Zimmer und rückte einen Empiresessel zurecht.

„Ich wollte nur sehen, wie es Ihnen geht“, wiederholte Ellen.

Schweigen. Er schwieg absichtlich. Er wollte eine Atmosphäre von Vertrautheit aufkommen lassen. Er musterte ihr hellblaues Kostüm, das ziemlich knapp war. Ein Mannequin könnte es nicht mit mehr Schick tragen, dachte er. Sie sah verteufelt gut aus. Er spürte, daß seine Lippen plötzlich trocken waren und ihm der Atem wegblieb.

„Ich habe ein paar Tage im Bett gelegen“, sagte er endlich.

„Aber jetzt sind Sie nicht mehr bettlägerig, wie ich sehe . . .“

„Stimmt.“

„Hatten Sie hohes Fieber?“

„Achtunddreißig. Mal ’n bißchen drüber, mal

’n bißchen drunter... Aber ziehen Sie sich doch Ihre Handschuhe aus!“

„Aber nur für einen Augenblick“, sagte sie in beherrschtem Ton, indem sie ihre braunen Lederhandschuhe auszog.

Stumpf setzte sich ihr gegenüber in den anderen Sessel und blickte zu Boden. Er sann nach. Er mußte seine Gefühle im Zaum halten, und wenn es ihm noch so schwer fiel. Er mußte ihr zeigen, daß er der Stärkere war.

„Also so wohnen Sie“, sagte Ellen und blickte sich im Zimmer um. „Hübsch.“

„Stimmt, Sie waren noch nicht hier...“ Er beschloß, bei diesem Thema zu bleiben. „Na ja, so wohnt man eben als möblierter Herr. Man muß mit dem vorliebnehmen, was der Vermieter nicht haben will, mit klapprigen Sesseln, mit einem unmodernen Sofa, auf dem man schon die Federn spürt, na und mit einem Bett, in dem Mama über den Ausgang des Ersten Weltkriegs nachgedacht hat, wenn Vater nicht gerade auf Urlaub war.“

„Sie haben eine komische Art zu reden.“ Sie saß vollkommen regungslos, die Arme auf den Lehnen.

Er betrachtete ihre weichen Hände.

„In meinen vier Wänden spielt sich nicht allzuviel ab...“ Er machte eine Pause. „Sie haben vielleicht angenommen, daß Sie bei mir jemand antreffen, wie? Ist nicht! Oder haben Sie mich schon einmal mit einer Frau gesehen?"

„Ich dachte, Sie würden nicht so lange krank sein", wechselte Ellen das Thema. „Mein Mann hat jeden Tag mit Ihnen gerechnet."

„Ach, Sie wollen mit mir übers Geschäft sprechen ...?"

„Denken Sie denn nicht an die Firma?"

„O doch, ich stelle sogar 'ne Menge Betrachtungen an. Das Geschäft, an dem ich mich beteiligt habe, liegt mir sehr am Herzen."

„Ich verstehe Ihre Unzufriedenheit nicht. Mein Mann hat Ihnen nichts verschwiegen ... Es hat Sie auch niemand gezwungen."

Er lachte nervös vor sich hin. „Nicht schlecht!"

„Es ist die Wahrheit."

„Ich dachte eben, daß es schneller aufwärtsgeht mit dem Laden. Ich habe mir eben mehr versprochen. Das ist das Ganze."

„Sie wissen, alles braucht seine Zeit." Sie spielte am Revers ihrer Kostümjacke.

„Allerdings. Aber jetzt mal was anderes. Ich habe an dem Tag, an dem Sie so liebenswürdig waren, mich zum Abendessen einzuladen, den Wagen vor der Bank stehen sehen ... Wollte Ihr Mann bei der Bank Geld loseisen?"

Er stand auf und holte eine Flasche.

„Mein Mann hat darüber nicht mit mir gesprochen“, sagte Ellen.

„Geheime Staatssache, wie?“

„Ich kann Ihnen nichts weiter sagen.“

„Er hat Ihnen also nicht gesagt, um was es sich gehandelt hat . . .?“

Er füllte zwei Gläser.

„Mein Mann hat öfter bei der Bank zu tun“, sagte Ellen und sah zum Fenster hinaus. Sie las die Kinoreklame an der gegenüberliegenden Hausfront.

„Bestimmt wollte er einen Kredit!“ Stumpf sah sie lauernd an und hielt ihr das Glas hin. „Und wie ist denn die Geschichte ausgegangen?“

Ellen überlegte. Sollte sie aufstehen oder bleiben? Hatte sie es nötig, sich auf diese Art und Weise von ihm verhören zu lassen?

Langsam nahm sie das Glas, das er ihr hinhielt.

„Auf Ihr Wohl!“ lächelte Stumpf. Er leerte sein Glas auf einen Zug. „Wollen Sie nicht trinken?“

Ellen nippte nur an ihrem Glas und trank es dann plötzlich zur Hälfte aus.

Mit bitterer Freundlichkeit sagte sie:

„Wäre es so verwunderlich, wenn sich mein Mann um Geld umsieht? Sie zwingen ihn ja durch Ihr Verhalten dazu.“

„Ach! Dabei hat Ihr Mann bei mir einen Stein im Brett“, log er. „Tatsächlich!“

Sie lachte kurz und sah in ihr Glas.

„Aber wegen mir kann er mit anderen gehen. Ehrlich gesagt, mir wäre es recht, wenn er bei der Bank Erfolg hätte. Hoffentlich hat ihn die Bank nicht abgeblitzt. Ich fürchte, die Bank wird auf die alten Schlitten von Maschinen nichts rausrücken. Der Bankdirektor hat mir gesagt, was er von den Webstühlen hält..."

„Auf die Bank dürfen Sie nicht hören."

„Sie meinen, die sind um Ausreden nicht verlegen. Damit mögen sie Recht haben. Aber ich halte auch nicht viel von den Stühlen. Die sind was für Bastler! Sehr schlimm für Ihren Mann. Gebrauchte Maschinen standen noch nie besonders hoch im Kurs. Aber das ist Ihnen ja alles nicht neu. Sie haben ja den Maschinenpark täglich vor Augen... Meine Einlage, das ist eher was! Mit meinem Bargeld bin ich überall gern gesehen. Gucken Sie mal in die Sonnabendausgaben der großen Zeitungen. Teilhaber gesucht, mit soviel oder soviel... Man ist immer gefragt."

Ellen trank aus. Sie fühlte den Kognak in ihrem Hals brennen. Am liebsten hätte sie sich geschüttelt. Sollte sie aufspringen und davonlaufen?

„Wenn es einmal nicht mehr weitergeht", hörte sie Stumpf aus großer Ferne sagen, „dann können Sie jederzeit zu mir kommen. Es kann mit der Firma schneller bergab gehen, als Sie sich träumen lassen. Da ist es gut, Freunde zu haben."

Ellen sah auf die Messingzeiger der braunen Standuhr. Die Uhr stand. Sie wartete auf das Vorrücken des großen Zeigers, aber er rückte und rührte sich nicht.

Stumpf beobachtete Ellen. Sie sitzt in meinem Zimmer, konstatierte er. Er empfand es als Genugtuung. Er hatte diese Situation oft herbeigesehnt. Er war tatsächlich überrascht gewesen, als er sie vor der Tür stehen sah. Hatte sie es sich anders überlegt? Wenn er nur wüßte, aus welchem Grunde sie wirklich gekommen war? Fest stand, daß er seinem Ziel um ein gutes Stück näher war. Ja, er wollte mit ihr schlafen. Er wollte nicht nur einmal mit ihr schlafen, er wollte das öfter tun, solange er dazu Lust hatte. Möglich, daß er eines Tages keine Lust mehr dazu haben würde. Aber jetzt wünschte er es sich. Als Ausgleich zu der schmutzigen Arbeit in der Fabrik. Wie mochte sie sich geben, wenn sie nackt war, beherrscht oder verspielt? Vermutlich beherrscht. Beherrscht, aber dennoch gefügig. Sicher konnte sie auch leidenschaftlich werden. Stumpf sah auf das goldene Kettchen an ihrem hellen Hals. Das müßte sie umlassen. Vornehme Frauen trugen Schmuck im Bett. Schmuckstücke waren das Letzte, dessen sie entkleidet wurden. Plötzlich mußte er an Kern denken, der ihm überaus naiv und bescheiden erschien. Es war seltsam, daß er auf Kern nicht eifersüchtig war. Nun, Eifersucht hatte er nie gekannt. Er empfand es als eine Art Gnade.

„An was denken Sie?“ fragte Ellen.

„An den Nachmittag im Zirkus“, log er. Ihre Stimme kam ihm verändert vor, weicher, fast zärtlich. Er sah sie noch immer an, aber jetzt in dem Bewußtsein, daß sie nicht vorhatte, schon zu gehen. Der Ausdruck auf ihrem Gesicht befriedigte ihn. Er hatte keine Lust, sich mit ihr noch länger über das Geschäft zu unterhalten... Dazu hatte er verdammt wenig Lust. Das Geschäft hing ihm zum Halse raus, selbst das bestgehende würde ihm zum Halse heraushängen. Was er brauchte, waren Zerstreuungen, Erfolge bei Klassefrauen, wie dieser hier. Schön, daß sie anfing, Zeit für ihn zu haben. Weil ihr Mann keine Zeit für sie hatte, hatte sie nun Zeit für ihn. Dieser Gedanke belustigte ihn. Aber er mußte sich hüten, zu früh zu handeln. Im Zirkus hatte er einen Fehler gemacht. Nein, es war kein Fehler, daß er seine Absichten hatte durchblicken lassen. Er hatte lange genug gewartet. Jetzt wußte sie, woran sie mit ihm war. Aber er mußte vorsichtig mit ihr umgehen. Man durfte ihm nichts vorwerfen können. Aber er hatte ja seine Taktik bereits geändert. Offenbar mit Erfolg. Sonst säße sie jetzt nicht in seinem Zimmer. So war's richtig, sie mußte ihm nachlaufen, nicht umgekehrt. Sie würde sich ihm noch an den Hals werfen, wenn er die Nerven behielt. Vielleicht schon das nächste Mal. Er würde sie in die Arme nehmen und sie sobald nicht mehr loslassen. Er liebte sie nicht wirklich, aber er fühlte mehr für sie als für andere Frauen, denen er in den letzten Jahren begegnet war. Hatte die Uhr in ihm, die vor Jahren stehengeblieben war, am Ende wieder zu schlagen begonnen? Zum ersten Mal versuchte er, einer Frau zu imponieren, die von seiner Mutter akzeptiert wurde. Er mußte das Gefühl endlich los werden, das er bisher gehabt hatte, wenn er ihr gegenübersaß. Immer fühlte er sich wie ein Primaner, der einer bezaubernden, reifen Frau gegenübersitzt, die sich für einen Strauß Veilchen bedankt und lächelnd eine Praline verschenkt.

Unsicher drehte er sich nach der Kognakflasche um.

„Wollen Sie noch ein Glas?" fragte er in die Stille, ohne eigentlich recht zu wissen, was er sagte. Plötzlich raunte ihm eine innere Stimme zu: Immer verlegst du alles in die Zukunft! Mit deinen Überlegungen entschuldigst du nur deine Unentschlossenheit. Nein, er war nicht der, der er gern sein wollte. Er war kein Held. Seine Augen begannen vor Ärger zu flackern. Zwischen Vorsatz und Handeln lag bei ihm eine tiefe Kluft. Alles, was er begann, blieb regelmäßig in den Ansätzen stecken. Niemals war ihm das so klar geworden wie in diesem Augenblick, als er dieser Frau gegenübersaß, die ihn ruhig betrachtete. Sie wußte sicher, was sie wollte, und falls sie eines Tages in sein Bett kam, dann tat sie das sicher völlig bewußt und ohne in moralischer Hinsicht zu verlieren.

Er füllte mechanisch ihr Glas.

Sie schüttelte den Kopf und sagte: „Haben Sie es sich überlegt? Werden Sie meinen Mann in Zukunft tatkräftig unterstützen?"

„Tue ich das nicht?"

Sie suchte nach Worten. „Ich meine richtig... Glauben Sie mir, meinen Mann bedrückt es, daß Sie so wenig Schwung zeigen. Ich meine, der Betrieb ist doch ausbaufähig, und es ist doch tatsächlich schon viel erreicht worden..."

„Das ist Ansichtssache", murmelte er.

„Stellen Sie doch nicht immer alles in Abrede." Ihre Augenbrauen zogen sich zusammen.

„Ich stelle mir unter einer gutgehenden Fabrik etwas anderes vor", sagte er und erhob sich. „Hier werden Sie alt und grau werden, ehe Sie mal auf einen grünen Zweig kommen, das sag' ich Ihnen ... Mein Entschluß steht fest: Ich scheide aus!"

Er nahm seinen rotweißgestreiften Schlafanzug vom Stuhl und schob ihn unter das Deckbett.

Ellen sah aus dem Fenster.

„Ich finde es unfair", bemerkte sie, „meinen Mann jetzt im Stich zu lassen, wo er die Eigenproduktion so stark forciert."

„Die Eigenproduktion!" rief Stumpf verächtlich. „Seine ganze Eigenproduktion bringt nichts ein! Sie brauchen sich ja nur die Preise anzusehen! Außerdem gehörten andere Artikel her, zehn, zwanzig verschiedene Dessins."

„Das ist doch eine Sache, über die sich reden läßt", wandte Ellen ein. „Warum sind Sie neulich nicht gekommen? Da hätten Sie meinem Mann Ihre Vorschläge unterbreiten können. Mit Kritik allein ist es doch nicht getan."

„Als ob Ihr Mann bereit wäre, auf meine Vorschläge einzugehen. Pah! Er hält sich für die einzige Autorität im Betrieb. Nur was er sagt und tut, ist richtig. Oder ist es etwa anders? Er glaubt, daß er die Weisheit mit Löffeln gefressen hat." Er hielt einen Augenblick inne. Dann prahlte er: „Aber ich habe auch ein paar Semester Textil-Ingenieur-Schule! Na, eines Tages werden Sie mir Recht geben, aber dann wird es vermutlich zu spät sein. Ich lasse mir jedenfalls von ihm nicht mehr länger auf der Nase herumtanzen. Soll er sich einen andern suchen ..."

Er studierte in Ellens Gesicht die Wirkung seiner Worte. Sie sah zu Boden, die Lippen aufeinandergepreßt.

„Ich komme nachher mal in den Betrieb", sagte er beiläufig, „ich möchte vorher nur eine Kleinigkeit essen gehen." Und leise: „Ist Ihr Mann da?"

„Nein, er ist zwei Tage weggefahren."

„Wohin?" Er musterte ihr streng geschnittenes Profil.

„Nach Karlsruhe, wegen des Anschlußauftrages von ‚Femina-Bekleidung'." Sie zog sich ihre Handschuhe an.

Stumpf sah auf ihr straff zurückgekämmtes blondes Haar, auf das die Sonne fiel.

„Na schön", sagte er, „ich komme nachher vorbei." Er begleitete sie zur Tür. „Bis später!"

Ellen ging langsam durch die Straßen. Sie war verzweifelt. Ihre Mutter würde ihr sicher helfen können, aber sie lebte nicht mehr. Ihr blieb nichts anderes übrig, als mit ihrem Problem allein fertig zu werden. Sie will Georg helfen, ohne sich etwas zu vergeben, ohne die Achtung vor sich selbst zu verlieren. Wie leicht und wunderbar war das Leben vor der Hochzeit. Wenn sie nur an den letzten Urlaub vor der Hochzeit denkt. Es war am Kochelsee. Jeden Tag unternahm sie mit

Georg einen Spaziergang am See. Sie fanden die Spaziergänge auf den schmalen felsigen Wegen hinter dem Felsenkeller herrlich. Wo die Aussicht besonders schön war, blieben sie stehen und blickten hinunter auf den unbewegten See. Jenseits des Sees lag Schlehdorf mit dem Kloster. Überall Wiesen, Berge und dunkle Wälder. Und die Luft roch nach Sommer, und die Wolken standen hoch und es war still. Jeden Tag waren sie mit dem Kahn unterwegs, ruderten durchs Schilf oder ließen sich treiben. Wie weit das alles zurücklag.

Jetzt ist alles dunkel, und sie fühlt sich gelähmt. Vor ihr tut sich Abgrund auf. Es kann doch nicht auf einmal alles bedroht sein: ihre Ehe, die Firma, die Achtung vor sich selbst. Hat sie sich dadurch, daß sie zu Stumpf gegangen ist, etwas vergeben? Natürlich kann er ihren Besuch falsch auslegen. Vielleicht hat er es auch getan, als sie ihm gegenübersaß. Ob er sich über sie lustig gemacht hat? Sie versteht nichts mehr. Seit vierzehn Tagen kommt sie sich wie erpreßt vor, und sie weiß nicht, was sie tun soll. Sie führt sich auch sein derbes Wesen vor Augen, seine unfeinen Ausdrücke. Sie weiß, Georg stört das nicht besonders. Er sagt: Geschäftsleute sind keine Engel, bei denen dreht sich alles nur um die harte Valuta! Diese Welt, das ist ihr plötzlich klar, ist nicht so eingerichtet, die große Masse zu feinfühlenden Menschen zu machen. Die meisten sind tagein, tagaus nur hinter dem Geld her. Und dabei machen sich die Menschen das Leben gegenseitig zur Hölle. Warum das alles? Warum richten sich die Menschen die Welt so schlecht ein? Die Welt ist doch das, was die Menschen aus ihr machen.

## 9. Kapitel

Ellen zwang sich, weiterzugehen. Je näher sie der Fabrik kam, desto schwerer wurde der Druck auf ihrem Herzen.

Vor der Fabrik stand ein Bahnbehälter, und Mädchen waren dabei, Stoffballen, die aus der Appretur gekommen waren, ins Lager zu tragen.

Sie ging schnell in ihre Wohnung, zog sich um und begann danach, für die Vertreter Kollektionen zusammenzustellen.

Sie war mit dieser Arbeit noch nicht fertig, als ihr Fräulein Hennig den Oberbürgermeister meldete. Seit zwei Jahren hatte Ellen den Oberbürgermeister nicht mehr gesehen. Georg hatte mit ihr kurz nach der Hochzeit einen Besuch bei ihm gemacht. Sie fühlte sich im Innersten unsicher. Ihre Gedanken waren noch bei Stumpf. Ich darf mir nichts anmerken lassen, dachte sie. So lächelte sie, als Oberbürgermeister Kurz das Büro betrat. Sie bot ihm einen Platz an und sagte, daß Georg in Karlsruhe sei.

„Ja, Ihr Herr Gemahl ist äußerst tüchtig", sagte der Oberbürgermeister. „Ich kenne ihn nun schon fünf Jahre... Nein, sechs! Ich erinnere mich genau, wie er angefangen hat: Mit einem Webstuhl, den er von uns, von der Stadt, gepachtet hatte, und den hat er selbst bedient. Respekt! Sehen Sie", fügte er freundlich hinzu, „ich habe ihn damals einmal zu einer Veranstaltung der Musikfreunde eingeladen, wir trafen uns zufällig, und ich hatte noch eine Eintrittskarte... Aber er hatte keine Zeit! Das Geschäft ging vor! Übrigens, die Veranstaltungen der ‚Musikfreunde' sind recht gut besucht. Heute abend beispielsweise haben wir einen Hamburger Pianisten bei uns zu Gast. Er interpretiert Liszt. Es würde Ihnen sicher gefallen. Wollen Sie es sich nicht anhören? Jetzt, wo Sie über den Berg sind." Er hielt den Kopf schräg.

„Wir sind leider noch nicht über den Berg", sagte Ellen befangen.

„Sie meinen, jedes Jahr bringt neue Aufgaben", sagte der Oberbürgermeister freundlich. „Aber ich möchte auf den eigentlichen Grund meines Besuches zurückkommen, gnädige Frau."

„Wenn Sie es mit mir besprechen können."

„Aber natürlich", erwiderte er höflich. Er nahm seine Brille ab. „Also es handelt sich um folgendes: Ihr Herr Gemahl war vor einiger Zeit wegen einer Wohnung bei mir."

„Es handelt sich um die Wohnung für Herrn Stumpf, nicht wahr?"

„Ganz recht, gnädige Frau! Leider war es mir seinerzeit nicht möglich, eine verbindliche Zusage zu geben. Inzwischen sind nun einige Wohnungen fertig geworden, die für Ihren Teilhaber sicher geeignet wären. Die Wohnungen sind bezugsfertig."

„Ich werde es Herrn Stumpf sagen."

„Ich müßte den Bescheid allerdings bis morgen haben... Ich hörte vorhin, daß er nicht da ist..."

„Er wird voraussichtlich in einer halben Stunde hier sein." Beklommen schaute sie ihn über den Tisch hinweg an.

„Ihre Wohnung ist übrigens auch hübsch... Ich wußte gar nicht, daß Sie inzwischen ausgebaut haben. Das war ein vorzüglicher Gedanke, den Dachboden auszubauen."

Ellen gab sich große Mühe, selbstsicher und ungezwungen zu erscheinen. Langsam sagte sie:

„Wenn es nur nicht soviel Geld gekostet hätte."

„Tja, die Preise! Sie laufen uns davon!"

„Mein Mann hat drei Zimmer und eine Küche bauen lassen und am Ende des Korridors noch einen Lagerraum." Sie lachte: „Unser Korridor ist sehr lang!"

„Ja, ich habe gesehen, ein ziemlicher Korridor."

„Dahinter ist noch mehr Platz."

„Ach."

„Aber mein Mann möchte natürlich nicht alles für Wohnräume hernehmen."

„Natürlich nicht."

„Er beabsichtigt, die Ausnäherei und solche Abteilungen auf dem Speicher unterzubringen."

„Ein guter Gedanke. Ich kann mir vorstellen, daß die Ware in der Nähe der Maschinen nicht besonders gut aufgehoben ist. Maschinen sind ölig." Er legte seine Brille auf den Tisch und fuhr fort: „Es freut mich aufrichtig, daß Ihr Herr Gemahl bei uns eine neue Heimat gefunden hat. Er hat sich schon tüchtig bewährt, und wie ich sehe, helfen Sie ihm fleißig ... Sind das Ihre Kollektionen, die Sie da vor sich liegen haben?" Er lächelte leutselig.

„Ja, unsere Farbkarten", entgegnete Ellen mit einem Blick auf den Tisch. „In diesen zwölf Farben ist der Gabardine lieferbar."

„Schöne Farben! Das Gelb gefällt mir sehr gut. Eine ausgesucht schöne Farbe. Ich sehe, Sie nennen es ‚Mais' ... Auch das Rot ist schön. Ein Weinrot! Ich kann mir vorstellen, daß solche Farben Anklang finden. Wer hat diese Farben ausgesucht?"

„Mein Mann."

„Ja, ja. Ich wünschte, wir hätten mehr Unternehmer von seinem Schlage am Ort. Wir bemühen uns ständig um die Ansiedlung von Industrieunternehmen. Eine aufstrebende Stadt ist natürlich an Arbeitsplätzen brennend interessiert. Am liebsten sind uns solche Unternehmen, die von Kohle und Eisen unabhängig sind. Textilbetriebe sind das Geeignetste."

„Sicher."

„Früher gab es so gut wie keine Industrie hier. Ich meine, vor dem Krieg."

„Ja, ich weiß."

„Früher gab es hier nur die Mühlen. Eine Folge des landwirtschaftlichen Hinterlandes." Er machte eine Pause und lehnte sich zurück. „Sie sehen, alles hat seinen Grund... Die Mühlen haben heute übrigens keinen leichten Stand! Die Konkurrenz drückt schwer! Schauen Sie, ich war früher in Offenbach. Ja, ich komme von Offenbach", wiederholte er, als Ellen erstaunt aufblickte, „dort hat man nur Lederindustrie. Diese Fabriken dort haben schwere Krisen hinter sich. Aber merkwürdig, immer haben sie sich wieder erholt. Diese Lederfabrikanten machen ihrem Namen Ehre. Sie sind zäh wie Leder. Fast jeder von ihnen hat schon ein Vergleichsverfahren hinter sich. Aber diese Vergleichsverfahren machen sie wahrscheinlich gesund. Ich habe es Ihrem Herrn Gemahl schon einmal erzählt. Ja, das

Leben in der freien Wirtschaft ist oftmals nicht leicht."

„Es geht immer wieder weiter", sagte Ellen.

„Da haben Sie recht! Und kein Unternehmer will von seinem Betrieb lassen. Ein Fabrikant hier aus der Umgebung fühlt sich als Kompanieführer. Er sagt: Meine Belegschaft ist meine Kompanie, und ich bin ihr Kompaniechef. Wo wir antreten, wird gesiegt!" Er setzte seine Brille wieder auf. „Tatsache! So denkt dieser Fabrikant."

„Webereien haben eine große Konkurrenz", sagte Ellen versonnen.

„Ich weiß, ich weiß. Die Lage der Textilindustrie ist nicht gerade rosig. Es mag zum Teil durch die Importe kommen. Ich habe da kürzlich ein paar Zahlen, die Textilimporte betreffend, gelesen. Die Importe sind im Vergleich zu den Vorjahren erheblich gestiegen, wenn ich mich recht erinnere auf 3,6 Milliarden. Aber wie gesagt, ich bewundere Ihren Herrn Gemahl. Er hat das Richtige getroffen: Kammgarnstoffe! Damit läßt sich wohl noch etwas verdienen. Der beste Beweis ist, daß sich Leute an Ihrem Unternehmen beteiligen... Hat sich denn Ihr Teilhaber schon eingelebt?"

Ellen wußte nicht recht, was sie sagen sollte. Sie fühlte sich mit einemmal hilflos. Die ganze Schwere des Konflikts, in den sie geraten war, überkam sie plötzlich wieder wie eine Sturmflut. Sie begann krampfhaft zu überlegen. Sollte sie sich dem Oberbürgermeister anvertrauen? Sie mußte sprechen.

„Mein Mann bedauert bereits, einen Teilhaber aufgenommen zu haben“, sagte sie offen.

Oberbürgermeister Kurz lehnte sich mit plötzlichem Interesse vor. Sein Gesicht wurde ernst.

„Das ändert natürlich alles.“

„Mein Mann bemüht sich bereits um Ersatzkapital.“

„Ihre Hausbank hilft Ihnen natürlich, nicht wahr?“

Ellen schüttelte den Kopf. „Die geht nicht höher.“

„Direktor Hohn ist doch ein umgänglicher Mensch... Ich kenne ihn von den Veranstaltungen der Musikfreunde...“

„Die Bank hat abgelehnt.“

„Hm. Ihr Herr Gemahl soll doch mal mit der Sparkasse sprechen... Ich bin im Verwaltungsrat.“

„Es wäre freundlich, wenn Sie...“

„Sie haben doch auch Lastenausgleichsansprüche.“

„Das alles dauert so furchtbar lange.“

„Ich werde mich mal darum kümmern“, sagte er aufmunternd. „Sagen Sie bitte Ihrem Herrn

Gemahl, er möchte mich anrufen, sobald er zurück ist..."

„Er kommt übermorgen zurück."

„Also gut! Da muß doch etwas zu machen sein. Ich werde noch heute mit Herrn Direktor Pilz von der Sparkasse sprechen."

„Ich danke Ihnen, Herr Oberbürgermeister!" sagte sie froh.

„Aber ich bitte Sie! Das ist doch selbstverständlich." Er stand auf. „Ich möchte Sie nicht länger aufhalten, gnädige Frau, noch dazu, wo ich unangemeldet hereingeschneit bin... Übrigens muß ich in einer viertel Stunde zu Etatberatungen."

Ellen begleitete den Oberbürgermeister zu seinem Wagen, den der Chauffeur am Fabriktor geparkt hatte.

Ein heftiger Wind blies ihnen entgegen. Der Oberbürgermeister strich sich die Haare aus der Stirn. „Alles Gute und schöne Grüße an Ihren Herrn Gemahl. Und er soll nicht vergessen, mich anzurufen!" Er stieg in den Volkswagen ein und winkte.

„Auf Wiedersehen."

Ellen nickte. Die Kehle war ihr auf einmal wie zugeschnürt. Sie fühlte Tränen in ihren Augen, und der Volkswagen verschwamm. Sie tat einen schluchzenden Atemzug und preßte die Hand vor den Mund.

Sie eilte ins Büro zurück. Endlich ein Lichtblick. Stumpf würde sie nicht mehr ängstigen können. Der Besuch des Oberbürgermeisters hatte ihr ihren Optimismus wiedergegeben. Ein schrecklicher Druck war von ihrem Herzen gewichen. Heute morgen noch hat sie sich die Frage gestellt, was werden soll, wenn das Dröhnen der Webstühle einmal verstummt? Aber nun hat ihr der Oberbürgermeister versichert, daß er ihnen helfen wolle. Es war schön, Freunde in einer Stadt zu haben.

Sie spürte das leichte Beben des Fußbodens, das von den Webstühlen herrührte. Aber nun hatte sie keine Angst mehr.

Sie beugte sich wieder über die Kollektionen, die auf dem Tisch ausgebreitet waren.

Als sie dabei war, die Muster und Briefe in gelbe Umschläge zu stecken, kam Stumpf.

Er sah auf die Umschläge.

„Ist das Post für die Vertreter?“ Er zog sich das Jackett aus und setzte sich hinter seinen Schreibtisch.

„Es sind die neuen Farben“, sagte Ellen.

„Schreiben Sie mal den Vertretern, daß neue Preise gelten.“

Er zündete sich eine Zigarette an. „Lassen Sie neue Preislisten schreiben!“

„Davon hat mein Mann nichts gesagt.“ Sie

schloß jedes Kuvert sorgfältig mit einer Klammer.

„Das glaub' ich."

Sie schwieg. Nach einer Weile sagte sie in gleichmäßigem Ton: „Eben war der Oberbürgermeister da und wollte Sie sprechen..."

„Was hat er denn gewollt?"

„Er hat eine Neubauwohnung für Sie! Wenn Sie interessiert sind, sollen Sie ihm bis morgen Nachricht geben."

„Danke vielmals!" Er griff nach dem Brieföffner und starrte ihn an. „Ich bin nicht mehr interessiert... Ich sehe ja, daß hier alles beim alten bleibt! Ich schlage vor, neue Preislisten mitzuschicken, und Sie tun so, als ob Sie es nicht gehört hätten."

„Ich wollte es Ihnen sagen, weil Sie sich heute über Ihr möbliertes Zimmer beklagt haben... Sie sehen, Sie könnten ab sofort eine Wohnung haben."

„Wir könnten uns ja die Wohnung mal zusammen ansehen", sagte er. „Ich meine, bloß mal ansehen."

Da klopfte es.

„Herein!" sagte Ellen.

Es war eine Ausnäherin, die Stumpf einen Zettel reichte.

„Fräulein Schwarzmann läßt fragen, wer die

Stücke bekommen soll, die auf dem Zettel angegeben sind", sagte das Mädchen.

„Ich komme mit nach unten", erklärte Stumpf und verließ mit dem Mädchen das Büro. „Ich bin gleich wieder da", sagte er zu Ellen.

Ellen stützte den Kopf auf die Hände. Nun hat sie ihm doch von der Neubauwohnung erzählt. Dabei hatte sie vorgehabt, es zu verschweigen. Wenn Stumpf ausschied, war sie alle Sorgen los. Hoffentlich ist es dem Oberbürgermeister möglich, ihnen tatsächlich zu helfen. Nur dann sind sie auf Stumpf nicht mehr angewiesen. Weiß sie überhaupt, was sie will? Sie schwankt innerlich hin und her. Verdient es Stumpf, daß man sich Gedanken um ihn macht, trotz seiner beleidigenden Zumutung? Muß sie nicht vielmehr hart gegen ihn sein? Aber es fällt ihr schwer. Vielleicht ändert sich Stumpf noch. Vielleicht kann sie ihm sogar helfen. Ja, er braucht Hilfe. Vielleicht gelingt es ihr, ihn zu einem ordentlichen und tüchtigen Menschen zu machen. Sie muß es sich zur Aufgabe machen, ihn zu führen, ohne daß er es merkt. Vielleicht kann sie erreichen, daß er heiratet. Aber bis dahin wird es ein langer Weg sein. Wenn Sie sich Mühe gibt, kann alles gut werden.

Aber plötzlich zweifelt sie. Sie fühlt, daß Stumpf sich nie ändern wird. Niemals!

Sie ging zum Telefon und gab einem Fräulein vom Büro im Parterre den Auftrag, die Briefe für die Vertreter mit zur Post zu nehmen.

Fräulein Schwarzmann war im Lager und legte Expreßgutkarten und rotumrandete Eilfrachtformulare auf große braune Pakete.

Als Stumpf das Lager betrat, richtete sie sich auf und kam ihm entgegen. Sie war braunäugig und trug einen Knoten.

„Es sind zwölf Stücke aus der Appreturanstalt gekommen, für die ich noch keine Anweisung habe“, sagte sie ziemlich schnell und deutete mit dem Bleistift auf mehrere schwarze Stoffballen in einem Regal.

„Rollen Sie mal ein Stück auf!“ sagte Stumpf mürrisch.

Die Ausnäherin, die ihn geholt hatte, hob einen Ballen auf den Warentisch und wickelte ihn zusammen mit Fräulein Schwarzmann langsam auf.

„Weiter!“ sagte Stumpf. Er bückte sich und sah über den Stoff hinweg. „Noch mehr abrollen!“

Die Mädchen sahen ab und zu auf das braune Maßband, das in die doublierte Ware eingelegt war.

„Wir haben jetzt fünf Meter abgewickelt“, sagte Fräulein Schwarzmann.

„Wieviel hat ‚Femina-Bekleidung‘ noch zu bekommen?“ fragte Stumpf, indem er den Stoff an einer Stelle mehrmals fest zusammendrückte.

„Moment!“

Fräulein Schwarzmann sah in ein Buch und rechnete nach.

„Noch tausend Meter in Schwarz“, sagte sie und hob den Kopf.

„Dann schicken Sie die zwölf Stücke an ‚Femina-Bekleidung‘ ab!“

„Aber es ist doch nicht Artikel Einhundertundzwölf“, wandte Fräulein Schwarzmann ein. „‚Femina-Bekleidung‘ hat Artikel Einhundertundzwölf geordert.“

„Machen Sie, was ich Ihnen sage“, grollte Stumpf.

„Aber die Stücke weisen doch einen anderen Schuß auf... Einfachgarn, soviel ich weiß...“

„Packen Sie die Ware zusammen und schicken Sie sie ab!“ herrschte Stumpf sie an. „Verstanden?“

„Und wenn ‚Femina-Bekleidung‘ die Ware retourniert?“

„Wer bestimmt denn hier? Sie oder ich?“

Seine Augen waren groß und flach.

„Es ist bestimmt nicht im Sinne von Herrn Kern, wenn ‚Femina-Bekleidung‘ diese Ware geschickt wird“, sagte Fräulein Schwarzmann. „Herr Kern hat mir ausdrücklich die Anweisung gegeben, an die Kunden immer nur die Ware auszuliefern, die sie tatsächlich bestellt haben." Sie war blaß im Gesicht und spielte nervös mit dem Bleistift. „Sie übernehmen die Verantwortung!" setzte sie hinzu.

Sie übersah ihn jetzt förmlich.

„Zum Donnerwetter noch mal!" schrie Stumpf. „Was bilden Sie sich überhaupt ein?" Er stemmte die Arme in die Hüften. „Sehen Sie mich an!"

Indem sie ihm den Rücken zeigte und die Meterzahl der zwölf Stücke notierte, sagte sie:

„Wir werden ja sehen, wer recht behält ... Sie bestimmt nicht!"

„Ich schmeiße Sie raus!" tobte Stumpf. „Sie, Sie ... mit Ihren achtzehn Lenzen!"

Fräulein Schwarzmann drehte sich um und sah Stumpf aus den Augenwinkeln spöttisch an: „Pah ...!" In ihren Augen standen Tränen.

Die Ausnäherin stand wie erstarrt neben dem Regal, die Hand auf einem schwarzen Stoffballen mit Einfachschuß.

Stumpf ging nach draußen und warf die Tür hinter sich zu, daß es knallte.

## 10. Kapitel

Als Stumpf ins Büro zurückkam, fragte er:

„Hat Ihnen der Oberbürgermeister gesagt, wo die Wohnung liegt?"

„Darüber ist nicht gesprochen worden", entgegnete Ellen.

Stumpf ging zum Telefon und wählte die Nummer der Stadtverwaltung. Er hörte, daß der Oberbürgermeister nicht da sei. Man verwies ihn auf die Wohnungsbaugesellschaft, mit der auch der Mietvertrag abzuschließen sei. Anschließend rief er dort an. Er lehnte sich in seinem Sessel zurück.

„... So, Sie wissen Bescheid ... ich notiere." Er beugte sich über den Schreibtisch. „Grünlandviertel... Zwei Zimmer, Küche und Bad... Hallo! So, Sie sind noch da... Ja, wir waren unterbrochen worden... Schön, ich sehe mir die Wohnung heute noch an. Ja, Sie erhalten bis morgen Bescheid... Wiederhören."

Stumpf legte den Hörer aus der Hand. „Wo ist denn das Grünlandviertel?"

„Nicht weit von hier", sagte Ellen. „An der Isar."

„Neblig dort, was?“
„Ich kann es Ihnen nicht sagen.“
„Kirchen in der Nähe?“
„Eine ist in Bau, soviel ich weiß.“
Er runzelte die Stirn. „Gebimmel kann ich nicht hören. Nach der Rückkehr aus der Kriegsgefangenschaft habe ich mal Küken in der Nähe einer Kirche beobachtet, als die Glocken zu läuten begannen. Die haben vielleicht 'n Schreck gekriegt. Was glauben Sie, wie die gelaufen sind!“ Es war ihm gar nicht so wohl dabei, als er diese Worte sprach. Es ging ihm wie den meisten Leuten, die im christlichen Glauben erzogen worden waren und sich dann später von der Kirche distanziert hatten. „Na ja, ich möchte jetzt keine theologischen Probleme erörtern“, fuhr er fort, „sondern auf die Wohnung zurückkommen.“
„Sind Sie denn wirklich ernstlich interessiert?“
„Ich werde mir den Bau auf jeden Fall mal ansehen. Ich könnte morgen schon einziehen, wie man mir sagte. Haben Sie Lust, sich die Wohnung mit mir zusammen anzusehen?“
Ihre Blicke kreuzten sich.
„Ich muß es mir noch überlegen“, sagte Ellen kurz.
„Wenn das Geschäft genug abwirft, habe ich kein Interesse auszuscheiden“, sagte Stumpf, „aber ich glaube ja kaum, daß das jemals der Fall

sein wird." Er senkte den Blick und sann nach. „Eine Wohnung zu haben, kann auf keinen Fall schaden", setzte er hinzu, „und sie hindert mich ja nicht, auszuscheiden, nicht wahr?" Daß ihm der zermürbende Dreh mit dem Ausscheiden nicht schon an dem Tag eingefallen war, als er mit Ellen den Zirkus besucht hatte. Vielleicht wäre er dann schon weiter. Auf jeden Fall mußte er seine Taktik beibehalten. Er hörte Ellen schon an seiner Wohnungstür klingeln. Wie sehnte er sich nach dem Kuß einer Frau, die Klasse war. Das war sie. Sie war einfach durch und durch Klasse. Und sie besaß einen Grad von Toleranz, der ihn beeindruckte. Er vermutete, daß sie sich nach einem freieren Leben sehnte, aber immer sorgfältig bemüht, sich niemals zu verraten. Er würde sich schon eine gemütliche Ecke einrichten, wo man bald intim miteinander war. Er wollte auch für die entsprechende Beleuchtung sorgen. Indirektes Licht wäre das Richtige. Und er wollte sich in seinen vier Wänden twenmäßig kleiden. Vielleicht fand Ellen Gefallen am legeren Stil der Gegenwart. Und Schallplatten wollte er besorgen. Das Angebot war ja gewaltig. Songs von Elvis Presley taten sicher ihre Wirkung. Die würden auch Ellen unter die Haut fahren. Er mußte sie einmal ohne Maske sehen.

Merkwürdig, daß er sich plötzlich für Twens

begeisterte. Twens hatte er bisher über die Schulter angesehen. Jetzt wollte er sich selbst in einen Twen verwandeln und tolle Platten auflegen und mit Ellen Twist tanzen. Er fühlte sich unerhört jung. Dabei hatte er sich manchmal schon für einen alten Mann gehalten, ohne Mumm und Schwung. Selbstverständlich war er noch jung. Jünger als Kern, dieser komische Heilige. Kern hatte sicher nichts dabei gefunden, mit achtzehn Jahren im Schützenloch zu hocken. Kern hatte vermutlich immer getreu seine Pflicht erfüllt. Er war bestimmt 'n Mustersoldat gewesen. Die Mustersoldaten hatte er dick. Er konnte nicht sagen, wie dick er die Mustersoldaten hatte, die ständig mit den Hacken knallten. Er haßte auch die gedrillten Beamten, er haßte überhaupt die ganze bürgerliche Ordnung.

Stumpf riß das Blatt mit der Adresse der Neubauwohnung aus seinem Notizblock.

„Ich überlege, ob es sich überhaupt lohnt, hier noch mal umzuziehen“, sagte er.

„Ich würde die Wohnung an Ihrer Stelle nehmen“, sagte Ellen, indem sie einen Stapel Stoffmuster vom Tisch nahm und in den Schrank legte. „Sie müssen doch auch an die Zukunft denken. Arbeiten muß man schließlich überall, wenn man leben will, und wenn man gut verdient, läßt es sich überall aushalten ...“

„Sie meinen, eine Beschäftigung und ein trautes Junggesellenheim können Zufriedenheit schenken, wie? Ich denke, man braucht 'n bißchen mehr zum Glück... Aber bleiben wir beim Thema. Es wäre schön, wenn Sie sich die Wohnung mal ansehen wollten. Eine Frau sieht sofort, ob eine Wohnung etwas taugt oder nicht. Na, wie wär's?"

Ellen schwankte. Soll sie mitgehen? Hat sie sich nicht vorgenommen, sich um ihn zu kümmern? Wenn sich Stumpf ändern soll, muß sie etwas dazu tun. Er braucht eine Wohnung! Er muß endlich wissen, wohin er gehört. Sie schloß die Schranktür.

„Gut, ich komme mit!"

„Da soll man sich nun plötzlich entscheiden", sagte Stumpf, „wie soll man wissen, was das Richtige ist?"

„Ich habe Ihnen ja schon gesagt, daß Sie auch an die Zukunft denken müssen... Ich glaube, Sie können von meinem Mann viel lernen. Als mein Mann aus dem Krieg zurückkam, war er ebenso heimatlos wie Sie! Sie fühlen sich heute noch nirgends zu Hause. Sie können doch nicht Ihr ganzes Leben in möblierten Zimmern zubringen. Sie fühlen sich heimatlos. So ist es doch! Obwohl Sie kein Vertriebener sind, wie mein Mann..."

Stumpf nahm sein Jackett und ging zur Tür.

„Ich warte im Betrieb auf Sie!"

Der Neubau lag in der Nähe einer großen amerikanischen Wohnsiedlung.

Sie kamen an Kinderspielplätzen vorbei, auf denen es sehr amerikanisch zuging. Knallrote Kinderautos, Cowboy-Hüte, Helme mit den Buchstaben MP und Maschinenpistolen aus Kunststoff.

Vor dem Neubau waren ein paar Männer dabei, den lehmigen Boden zu planieren. Über die Pfützen vom letzten Regen hatte man Bretter gelegt.

„Na, besonders einladend sieht es hier nicht aus", brummte Stumpf, indem er über die Bretter balancierte. Er reichte Ellen, die hinter ihm ging, die Hand.

„Es geht schon", sagte sie, ohne seine Hand zu ergreifen. „Vielen Dank!"

Stumpf sah an dem Haus empor. Es war vierstöckig, weiß angestrichen und hatte zwei Eingänge. Die Fensterscheiben blitzten in der Sonne.

„Ein Mietshaus", dachte er, „ein Wohnsilo. Nichts für mich!"

Er klingelte, und kurz darauf summte der Türdrücker. Der Hausmeister kam. Er trug Pantoffeln. Er holte die Wohnungsschlüssel.

Die Wohnung lag im vierten Stock und roch nach Farbe. Die Türen zur Küche, zu den zwei

Zimmern und zum Bad standen offen. Alle Räume waren hell getüncht.

Sie betraten ein Zimmer mit zwei breiten Fenstern.

„Die Wohnung ist hell“, sagte Ellen, „und sehr geräumig.“

Ihre Worte klangen in dem leeren Raum ziemlich laut.

„Anscheinend das Wohnzimmer“, meinte Stumpf und öffnete die Balkontür. „’Ne großartige Aussicht: Häuser!“ Er trat auf den Balkon. „Sehen Sie mal!“

Ellen blieb im Wohnzimmer.

„Ich finde die Wohnung nett“, sagte sie vor sich hin.

„Hm.“

„Sie sollten sie nehmen.“

Stumpf verließ den Balkon und kam auf sie zu. „Vielleicht.“

Sie drehte sich um.

„Sehen wir uns mal die Küche an!“

Stumpf folgte ihr.

„Wollen Sie mir was kochen?“

„Ich dachte eben daran“, sagte sie, „wie froh wir gewesen wären, wenn man uns – meinem Mann und mir – vor der Hochzeit eine solche Wohnung angeboten hätte. Wir hätten viel Geld gespart.“

Sie waren in der Küche angekommen.

„Lassen wir mal 'n bißchen frische Luft rein", sagte Stumpf und öffnete das Fenster.

„In der Küche haben Sie alles, was Sie sich wünschen können", sagte Ellen. „Sehen Sie her! Elektroherd, Kühlschrank, Wandschrank und ein großes Spülbecken..." Sie schaltete den Elektroherd an und hielt die Hand über eine Kochplatte. „Die Platte wird sofort warm."

„Ich werde nicht viel am Herd stehen", erklärte er. „Meinen Sie, ich koche mir mein Essen selbst?"

„Vielleicht heiraten Sie, jetzt, wo Sie eine Wohnung haben. Mein Gott, wie viele Frauen sehnen sich danach, für einen Mann zu sorgen..."

„Über Frauen habe ich meine eigene Meinung. Was heute überall herumläuft, sind aufgetakelte Püppchen, die nur auf eine komplett eingerichtete Wohnung und das Gehalt des Mannes scharf sind... Klamotten und ein hohes Gehalt wollen die heiraten. Die unterscheiden haarscharf zwischen Liebe und Heirat. Sehen Sie sich doch mal an, was sich in den Cafés und Bars tummelt... Die Mädchen wollen sich als Ehefrauen was leisten können. Schuld an dieser Entwicklung ist natürlich die verdammte Reklame für allen möglichen Plunder..."

„Sie sind doch nicht weniger materialistisch."

„Eine Frau hat nicht materialistisch zu sein. Meinen Sie, ich heirate eine Frau, die berechnend ist?“ Er machte eine Pause. „Sie werden lachen, das einzige, was ich mir wirklich wünsche, ist ’n Schwiegervater, mit dem man ’n bißchen über dieses und jenes quatschen kann... So ’n Mann wie Ihren Vater! Der imponiert mir. Ich erinnere mich an das Bild, das Sie mir gezeigt haben. Sehr sympathisch! Wo ist er denn zur Zeit?“

„Die letzte Karte kam aus der Schweiz.“

„Reist er noch für Musikverlage?“

Sie nickte. „Er hat jetzt auch die Vertretung für Skandinavien.“

„Donnerwetter! So ein Job ist auch nicht schlecht. Immer wieder neue Eindrücke, andere Menschen, andere Städte. Ich hätte Ihrem Herrn Vater mal irgendwo begegnen sollen, bevor Sie verheiratet waren. Und stellen Sie sich vor, ich wäre ihm sympathisch gewesen. Dann wären Sie heute vielleicht meine Frau! Da hätte mein Leben wenigstens einen Sinn. Ich weiß nicht, wie ich Ihnen das erklären soll. Es ist so: Alles, was ich von einer Frau erwarte, ich meine von der Frau, an der mir wirklich etwas liegt, ist Verständnis. Solange man eine solche Frau nicht gefunden hat, die einen wirklich versteht, kommt man sich verloren vor.“ Er sah aus dem Fenster. „Na, vielleicht überlegen Sie es sich doch nochmal.“ Immer quassele ich, dachte er, anstatt die Gelegenheit beim Schopf zu fassen.

Die Korridortür war zu.

Aber er fand nicht den Mut, Ellen in die Arme zu nehmen. Er brachte nicht den Willen auf. Selbst die Sinnlichkeit fehlte ihm plötzlich. Nicht mal die war stark genug! War er am Ende schon über die Jahre hinaus? Warum hatte er nicht die gesunde Aktivität anderer Menschen? Herrgott noch mal, was hatten andere für ein Leben, die Kurzentschlossenen. Und er wurstelte sich so durch. Jahr für Jahr! Es würde nicht mehr lange dauern, und er hatte ein Glatze. Eine Glatze! Ihm grauste. Was hatte er bis jetzt erreicht? Er war Teilhaber eines kleinkalibrigen Unternehmens. Es war immerhin etwas. Konnte er nicht von Glück sagen, daß ihn Kern genommen hatte. Kern hatte ihm eine Chance geboten. Andere hatten hochachtungsvoll verzichtet. Er war ja froh gewesen, daß ihn Kern beteiligt hatte. Wie oft war er vorher abgeblitzt worden, trotz seines Geldes. Er dachte an größere Unternehmen, die ihm hochgestochene Briefe geschrieben hatten. Vielleicht war er tatsächlich ein großer Trottel, den niemand haben wollte. Vielleicht war es richtig, die Wohnung zu nehmen und endlich seßhaft zu werden. Seine Mutter predigte ihm das schon lange. Was sollte er tun? Die Wohnung nehmen?

Dann würden sie glauben, er wolle bleiben. Na, diesen Eindruck konnte er ja leicht verwischen. Seine alte Unentschlossenheit meldete sich wieder. Wenn er eine Entscheidung zu treffen hatte, verspürte er in der Magengegend ein unbehagliches Gefühl. Er sah auf Ellen, die den Wandschrank öffnete.

„Sie scheinen sich noch nicht schlüssig zu sein", sagte sie.

„Ich glaube, da kommen noch mehr Interessenten."

Stumpf deutete auf die Straße, wo ein Ehepaar mit einem blonden Mädchen vor dem Haus auf und ab spazierte. Die Leute gingen schließlich auf den Eingang zu, und bald darauf hörte man sie im Treppenhaus.

„Haben Sie sich den Bodenbelag schon einmal betrachtet?" Sie deutete auf den Fußboden. „Er ist leicht zu pflegen."

Stumpf ging auf ihre Worte nicht weiter ein. „Gesetzt den Fall, ich nehme die Wohnung", sagte er, „würden Sie mir beim Einrichten behilflich sein? Ich denke an die Anordnung der Möbel."

„Vielleicht."

„Was diese Sache betrifft, sind Frauen viel geschickter. Sie könnten mir auch beim Aussuchen der Möbel helfen. Mit Ihnen Möbel auszusuchen, wäre mir ein Vergnügen. Sie brauchen keine Bange zu haben, daß Sie sich mit mir blamieren. Ich kaufe nicht auf Kredit und bleibe dann die Raten schuldig. Sowas kommt bei mir nicht in Frage. Im Wohnzimmer möchte ich nur moderne Möbel haben, keine Stilmöbel. Die passen nicht zu dem Haus. Irgendwann werde ich mir sowieso mal 'ne eigene Casa bauen, an der ist dann aber alles dran... Aber Sie hören ja gar nicht zu!"

„Doch, doch, ich höre."

Sie öffnete die Korridortür und ging die Treppe hinunter.

Die Tür zur Wohnung im dritten Stock war weit geöffnet. Das blonde Mädchen eilte aus einem Zimmer ins andere.

Als Stumpf Ellen eingeholt hatte, sagte er:

„Glauben Sie mir, ich hasse Wohnungssuche... Es ist doch nichts von Dauer. Haben Sie schon mal 'n Zimmer gesucht?"

„Doch."

„Und haben Sie sich nicht verloren gefühlt, obwohl Sie von vier Wänden umgeben waren? Mir gehen Erfahrungen in Fleisch und Blut über. Was ich mitgemacht habe, ist immer gegenwärtig, ist immer da! Man kommt sich nach allem, was man mitgemacht hat, wie ein geprügelter Hund vor. Der einzige Unterschied ist, daß man nicht auf allen Vieren läuft. Aber dafür tut's die Seele..."

Stumpf wollte Ellen nach Hause begleiten. Sie hatte nichts dagegen.

Er fragte:

„Darf ich Sie noch zum Essen einladen?"

„Dazu fehlt mir leider die Zeit."

„Ich konnte es mir ja denken."

„Sie wissen doch, daß es keinen Zweck hat."

„Dann werde ich ins Kino gehen", bemerkte er. Und nach einer Weile: „Wollen Sie wirklich nicht mit mir kommen?"

Sie schüttelte langsam und bestimmt den Kopf.

„Ich hatte nur die Absicht, mir die Wohnung anzusehen. Und nachdem ich sie gesehen habe, sagen wir uns jetzt adieu."

„Und morgen?"

„Ich muß mich jetzt wirklich beeilen."

„Es gibt herrliche Restaurants hier in der Umgebung. Hätten Sie nicht Lust?" Ein Ausflug mit ihr in irgendein Lokal hätte ihm Spaß gemacht. Er hätte sie gern einmal ausgeführt und sie ungezwungen gesehen. Ihre Gleichgültigkeit war wahrscheinlich alles andere als natürlich. Er hätte zu gern gewußt, was sie schon alles erlebt hatte. Draußen in einem Gartenrestaurant auf dem Land würde sich alles von selbst ergeben.

Er blieb stehen. „Darf ich hoffen?"

Ellen streckte ihm die Hand hin. „Auf Wiedersehen. Und vergessen Sie nicht, morgen den Vertrag mit der Wohnungsbaugesellschaft abzuschließen ...“

„Falls ich unterschreibe, ziehe ich morgen ein!“

„Sehen Sie, dann sind Sie morgen sehr beschäftigt. Meinen Sie nicht?“

„Ich gebe Ihnen morgen Bescheid.“

„Schön.“

„Die Einrichtung besorge ich von A bis Z in einem Warenhaus ... Wenn ich die Möbel um elf Uhr bestelle, habe ich sie spätestens um drei in meiner Wohnung ...“

Zu Hause erinnerte sich Ellen an das, was Stumpf ihr am Nachmittag in der Neubauwohnung gesagt hatte. Er ist einsam und verbittert, dachte sie. Sie vermutete, daß es eine ganze Reihe von Gründen dafür gab. Sicher war nicht nur der Krieg schuld. Wahrscheinlich war Stumpf auch der Typ, der sich ewig unzufrieden und unglücklich fühlte. Nun, jeder mußte auf seine Art mit dem Leben fertig werden. Sie beneidete ihn nicht. Sie zweifelte, ihm jemals helfen zu können. In seinem Alter änderte man sich auch nicht mehr. Sie sah ihn im Geiste vor sich, das blasse Gesicht mit dem düsteren Ausdruck, der auf den unmittelbar bevorstehenden Weltuntergang hinzudeuten schien. Vielleicht entschloß er sich doch, die Wohnung zu nehmen.

Sie dachte an den Besuch des Oberbürgermeisters. Sie konnte ja morgen schon damit beginnen, die Unterlagen für die Sparkasse zusammenzustellen. Dann hatte Georg keine Arbeit mehr damit. Sie brauchte nur die Zahlen zu nehmen, die Georg kürzlich für die Hausbank zusammengestellt hatte. Bis auf ein paar Zahlen hatte sich nichts geändert.

Sie öffnete das Fenster. Über den Fabrikhof kam Brandt, ihr Webmeister. Kurz darauf hörte sie die Schiebetür im Parterre. Ellen zog den Schlafanzug an. Sie legte sich aufs Bett und verschränkte die Arme unter dem Kopf. Sie dachte an Georg. Morgen wollte er zurück sein. „Gute Nacht, Liebster..." Sie zog die Bettdecke herauf und schlief ein.

## 11. Kapitel

Am nächsten Nachmittag, zehn Minuten vor fünf, klingelte das Telefon.

Ellen hob den Hörer ab. Neben ihr stand Fräulein Hennig.

„... Hallo! Ja, hier Frau Kern ... Guten Tag, Herr Scholl!“ Pause. „Tatsächlich? Davon weiß ich nichts, Herr Scholl! Ich habe wirklich keine Ahnung ... Nein, mein Mann ist noch nicht zurück.“

Am anderen Ende der Leitung wurde hastig weitergesprochen.

„Es besteht gar kein Zweifel, daß Sie uns diesmal eine andere Ware geliefert haben ... Sie dürfen es mir glauben, gnädige Frau!“

„Aber ...“

„Doch! Wir haben die Ware eben geprüft. Es ist ein ganz anderer Schuß! Kein Zwirn ...“

„Das kann nur ein Versehen sein“, sagte Ellen beschwichtigend. Und zu Fräulein Hennig, die einen Schritt zur Seite getreten war: „Die Firma Femina-Bekleidung ist am Apparat ... Sagen Sie bitte Fräulein Schwarzmann, Sie möchte heraufkommen!“

„Hallo“, kam es vom anderen Ende der Leitung, „hören Sie noch?“

Ellen, wieder nahe am Hörer: „Ja, ich höre.“

Scholl fuhr hastig fort: „Ich habe Ihrem Herrn Gemahl gestern einen Anschlußauftrag erteilt, aber unter der Bedingung, daß uns weiterhin dieselbe Ware geliefert wird, wie bisher. Andernfalls müßte ich den Auftrag zu meinem Bedauern stornieren.“

„Ich werde mich sofort darum kümmern, Herr Scholl.“

„Ja, bitte.“

„Es ist ohne Zweifel ein Versehen.“

„Das nehme ich an.“

„Der Versand hat strengste Anweisung, nur die Ware an die Kunden abzusenden, die tatsächlich bestellt worden sind... Falls eine Farbe oder Qualität einmal nicht lieferbar ist, wird vorher angefragt, ob eine andere Ware geliefert werden darf...“

Pause.

„Das Schußgarn, wissen Sie, ist ein Material, das auseinandergeht... Wir brauchen eine absolut schiebefeste Qualität.“

„Ich weiß.“

„Wir haben Ihnen seinerzeit geschrieben, daß wir Hosen aus Ihrem Gabardine fertigen.“

„Sie waren ja bisher noch nie gezwungen, zu

reklamieren", bemerkte Ellen. „Ich glaube, Sie haben mit unseren Fabrikaten bisher nur gute Erfahrungen gemacht, nicht wahr?"

„Unsere Kunden waren stets zufrieden", bestätigte Scholl, „aber wie gesagt, wenn wir den Stoff verarbeiten, den Sie jetzt geschickt haben, käme es zu einer Katastrophe ..."

„Wir werden Ihnen umgehend Ersatzware liefern."

„Unbedingt! Ich bitte darum ... Wir sind um jedes Stück dringend verlegen. Wir haben uns nun mal festgelegt auf Ihren Artikel. Ich sagte schon, ich habe Ihrem Herrn Gemahl gestern einen Anschlußauftrag erteilt, zur Lieferung ab 1. September."

„Das ist schön."

„Aber das Zeugs, das heute gekommen ist, muß ich Ihnen zurückschicken, so leid es mir tut."

„Selbstverständlich."

„Wir brauchen eine absolut schiebefeste Qualität. Die Ware muß in Kette und Schuß Zwirn aufweisen. Unter diesen Bedingungen haben wir Ihnen die Aufträge erteilt."

„Wir kommen auf die Angelegenheit noch einmal schriftlich zurück, Herr Scholl. „Ellen blickte zur Tür.

Fräulein Schwarzmann trat ins Büro und grüßte stumm.

„Sie erhalten morgen weiteren Bescheid!“ sagte Ellen in den Hörer.

„In Ordnung... Und schicken Sie die Ersatzware bitte möglichst bald ab, ja?“

„Natürlich.“

„Auf Wiedersehen!“

„Auf Wiederhören, Herr Scholl.“

Ellen legte den Hörer auf und wandte sich an Fräulein Schwarzmann:

„Sagen Sie, was ist denn da passiert?“ Sie erhob sich.

„Es ist nicht meine Schuld“, verteidigte sich Fräulein Schwarzmann. „Die Ware wurde auf ausdrückliche Anordnung von Herrn Stumpf an die Firma ‚Femina‘ gesandt.“ Ihre schmalen Hände umspannten ein schwarzes Geschäftsbuch. Ruhig erzählte sie, was sich im Lager zugetragen hatte, erzählte, daß sie sich geweigert hätte, ‚Femina‘ eine andere Ware als die bestellte zu liefern.

„Warum sind Sie nicht zu mir gekommen?“ sagte Ellen regungslos. „Ist denn noch mehr von dieser Ware auf Lager?“

„Nein. Alle Stücke hat die Firma ‚Femina‘ bekommen. Es waren insgesamt eintausend Meter. Herr Stumpf wußte, daß es eine andere Qualität war... Aber schließlich ist er ja Mitinhaber...“

„Veranlassen Sie sofort, daß Ersatzware an die Firma ‚Femina‘ abgeht. Die Firma ist ausnahmsweise bereit, über den Vorfall hinwegzusehen ... Sie können gehen, Fräulein Schwarzmann. Guten Abend ..."

Ellen verließ das Büro und ging ins Wohnzimmer. Sie mußte daran denken, daß Stumpf am Vormittag vorbeigekommen war und ihr gesagt hatte, daß er den Mietvertrag unterschrieben hätte.

Sie setzte sich auf die Couch.

Heute war Stumpf in die neue Wohnung eingezogen. Und sie hatte ihm noch zugeredet!

Heute ist es ‚Femina', morgen kann es eine andere Firma sein, die keine Entschuldigung gelten läßt.

Nein, ein zweites Mal darf so etwas nicht mehr vorkommen.

Was wird Georg sagen? Gut, daß sie am Vormittag die Unterlagen für die Sparkasse zusammengestellt hat.

Sie sah auf die Bäume im gegenüberliegenden Park. Immer, wenn sie auf die hohen alten Bäume blickte, hatte sie Sehnsucht nach Ruhe.

Sie ging zum Musikschrank und suchte das ‚Largo' von Händel heraus. Auf der Schwesternschule hatte sie sich vorgenommen, abends oder am Sonntag mit Georg Musik zu hören. Und nun kommen sie ganz selten dazu, einmal Musik zu hören, eine Oper oder eine Operette. Und im

Theater waren sie erst ein-, zweimal, seitdem sie verheiratet sind. Einmal werden wir schon mehr Zeit haben, tröstet sie sich. Vielleicht wird sie dann schon sehr, sehr alt sein, wenn es endlich einmal soweit ist. Wer weiß? Der Gedanke, das Leben könnte vorbei sein, ohne wirklich gelebt zu haben, macht ihr plötzlich Angst.

Sie legt die Schallplatte auf und hört auf die Musik. Sie stellt den Apparat lauter. Dann schließt sie die Augen. –

Später holt sie ihre Briefmappe.

Der Brief an Rechtsanwalt Seifert muß heute noch abgehen, dachte sie. Als Syndikus einer Bank kann er Georg sicher unterstützen. Vielleicht rascher als die Sparkasse. Es ist so deprimierend, Stumpf ausgeliefert zu sein.

Als sie den Brief geschrieben hatte, ging sie in die Küche und bereitete das Abendessen.

Kurz vor sieben kam Stumpf.

Die neuen Möbel seien pünktlich eingetroffen. Der Einkauf habe nur eine Stunde gedauert. Er wäre einmal von oben bis unten durchs Kaufhaus gegangen. Bis auf ein paar Kleinigkeiten sei die Wohnung komplett. Ob Ellen nicht mal vorbeikommen wolle. Die Wohnung müsse ja schließlich eingeweiht werden.

„Mit einer eigenen Wohnung fühlt man sich wie neugeboren", sagte er, als sie das Wohnzimmer betraten. „Nur schade, daß mir die Arbeit hier keine Freude macht. Na, vielleicht finde ich noch mal 'n Posten, der mir Spaß macht."

„Einen Posten, der Ihnen Spaß macht", lächelte sie bitter. „Ihnen wird nie ein Posten Spaß machen." Sie bemerkte, daß er eine neue blaue Krawatte trug.

„Woher wollen Sie das wissen?" Seine Heiterkeit verflog. „Sie unterschätzen mich." Er blinzelte. Ihre Worte waren ihm durch und durch gegangen. Er fühlte sich durchschaut, wie immer, wenn er mit Ellen zusammen war. Natürlich hatte sie recht. Wenn er ausschied – was er vorläufig gar nicht vorhatte – wäre es woanders das gleiche. Er hatte es bisher noch nirgends lange ausgehalten. Seine Labilität und Minderwertigkeitskomplexe hatten ihn bisher aus einem Fiasko ins andere stolpern lassen, und er wußte, daß er früher oder später total gescheitert auf der Strecke bleiben würde. Wenn er sich nur dazu entschließen könnte, die bürgerliche Welt mit all ihren Konventionen anzuerkennen. Aber er brachte es nicht fertig. Nichts verachtete er so sehr wie den ‚Bürger'. Wollte Nietzsche nicht den interessanten Menschen?

Mit Bürgern identifizierte er sich nicht, obwohl er ihnen in vielen Dingen so ähnlich war.

In Bruchteilen von Sekunden jagten diese Gedanken durch seinen Kopf, während er in Ellens klares und ruhiges Gesicht sah.

„Hier hätten Sie wahrhaftig Gelegenheit", sagte Ellen, „zu zeigen, was in Ihnen steckt."

„Na, ja..."

„Mein Gott, ich wüßte nicht, wo man sich mehr beweisen könnte als in der freien Wirtschaft... Eine Fabrik ist wahrhaftig eine Aufgabe, die einen Mann ausfüllen kann, zumal in der heutigen Zeit. Und Sie sagen, Sie suchen einen Posten, der Ihnen Spaß macht."

„Genau!" Er richtete sich auf. Er war nicht bereit, vor ihr zu kapitulieren. Sein Trumpf war Unaufrichtigkeit. Lügen verschafften ihm seit langem eine teuflische Genugtuung.

„Was haben Sie eigentlich erwartet", fragte sie ihn, „als Sie sich an einer Fabrik beteiligten?"

„Das wissen Sie doch: Geld!"

„Wissen Sie, wer heute nachmittag angerufen hat? Die Firma ‚Femina'."

Pause.

„Um was ging's denn?" Stumpf schob seine Unterlippe vor.

„Sie fragen?"

Seine Augen wichen ihrem Blick aus, dann kamen sie zurück.

„Hatte die Firma an den letzten Stücken etwas auszusetzen?"

„Sie haben der Firma Ware geliefert, die sie nicht bestellt hat. Es ist Ihnen doch bekannt, wie mein Mann darüber denkt…"

Er sah sie kalt an. „Mit Ihrem Mann werde ich bald nichts mehr zu tun haben. Ich bleibe möglicherweise in der Stadt, aber nicht in Ihrer Firma. Vielleicht mache ich selber eine Weberei auf. Dann mache ich Ihrem Mann Konkurrenz…"

Ellen blickte ihn an und schwieg. Noch nie hatte sie das Verhalten eines Menschen so sehr enttäuscht. Wie vertrug sich dieser Grad von Leichtfertigkeit mit seiner Schüchternheit?

„Warum sollte ich nicht auch eine Firma aufmachen?" fuhr er fort. „Das trauen Sie mir wohl nicht zu, wie?" Er ging hinüber zum Plattenspieler. „Ich sehe, Sie haben Musik gehört. ‚Largo' von Händel… Etwas Klassisches. Ich verstehe nicht viel von Musik, aber Händel ist mir ein Begriff. Lebte wohl einige Zeit in England. Apropos Schallplatten. Ich habe heute auch verschiedene Platten gekauft." Er brach ab und drehte sich um.

„Guten Abend!"

In der offenen Tür stand Kern.

„Guten Abend!"

Er ging auf seine Frau zu und küßte sie flüchtig auf die Wange.

„'n Abend", sagte Stumpf. Er fühlte sich verlegen und sah an Kern vorbei. Er schüttelte Kern matt die Hand.

„Also ich habe einen Mordsappetit“, sagte Kern laut, indem er sich an Ellen wandte. „Herr Stumpf kann ja mit uns essen.“

Stumpf legte die Hand auf die Türklinke. „Danke.“

„Bleiben Sie nur!“

Kern faßte ihn am Arm und holte ihn zurück. „Sie bleiben und essen mit uns zu Abend.“

„Sie scheinen ja in guter Stimmung zu sein“, sagte Stumpf. Sein Gesicht war todernst.

„Ja, es hat so ziemlich alles geklappt“, sagte Kern. „Den Anschlußauftrag von ‚Femina‘ haben wir auch in der Tasche.“ Er sah auf Ellen. „Bei ‚Femina‘ ist man begeistert von unserer Ware! Scholl hat ’ne Flasche Wein aufgemacht, nachdem das Geschäftliche erledigt war ...“

„Ich werde mich ums Abendessen kümmern“, sagte sie.

„Was gibt’s denn Schönes?“

„Schmorbraten.“

„Na fabelhaft ... Also, Herr Stumpf, was gibt’s Neues?“ Kern sah ihn neugierig an.

„Ich bin umgezogen“, sagte Stumpf.

„Tatsache? Kommen Sie mit, wir setzen uns an den Rauchtisch ... Hier sind Zigaretten. Sie sind doch ein starker Raucher. Bedienen Sie sich!“

Kern öffnete sein Zigarettenetui und legte es auf den Tisch.

Ellen ließ sie allein.

Als Stumpf gegangen war, sagte Kern:

„Ich habe gehört, daß der Oberbürgermeister da war."

„Ja, er empfiehlt dir, bei der Sparkasse einen Kreditantrag einzureichen. Er will den Antrag befürworten."

Kern lachte. „Ich kenne doch Direktor Pilz."

„Aber wenn sich der Oberbürgermeister für dich einsetzt. Er sagte, er sei im Verwaltungsrat der Sparkasse..."

„Alles schön und gut, aber wenn Pilz dagegen ist, ist die Sache so gut wie aussichtslos." Kern legte sein Jackett über den Stuhl.

„Ob du es nicht doch versuchen solltest? Du hast sicher nur Vorurteile gegen Direktor Pilz. Bitte, stell' den Kreditantrag!"

Kern stand auf. „Vor zwei Jahren hat er mir ins Gesicht gesagt, alle Heimatvertriebenen seien Zigeuner... Pilz hat die Nachkriegswelle hochgetragen. Er war kaum dreißig, als er Sparkassendirektor wurde. Er ist ein Bündel von Ressentiments und Komplexen. Seine Risiko-Unfreudigkeit ist noch größer als bei den Leuten unserer Bank. Er hat eine Heidenangst, einen Fehler zu machen! Von Heimatvertriebenen und Sowjetzonenflüchtlingen will der nichts wissen... Der tut nur das, was er unbedingt tun muß..."

„Vielleicht hat er sich inzwischen geändert", wandte sie ein.

„Das bezweifle ich. Initiative entwickelt der nur, wenn ein Millionär kommt und einen Kredit beantragt, aber nicht bei einem Vertriebenen, der im Jahre 1945 beraubt wurde."

Sie gingen ins Büro. Ellen setzte sich in einen der grünen Ledersessel, und Kern sah die Post durch, die während seiner Abwesenheit eingegangen war.

„Warst du beim Verein der Textilindustrie, Georg?"

„Bach hat mir ein paar Firmen genannt, die Lohnaufträge vergeben. Aber alles soll natürlich hopp-hopp gehen. Heute das Garn, morgen die Ware. Wer kann es sich schon leisten, Garne lange irgendwo liegen zu lassen. Lohnwebereien werden immer gehetzt. Anschließend war ich noch bei einer Augsburger Bank..."

„Und was hat man dort gesagt?"

Kern legte die Briefe beiseite. „Die Textilindustrie ginge am Stock, meinte der Direktor. Die Augsburger Banken sind froh, wenn sie ihre einheimischen Fabriken über die Runden bringen können. Die gehen nur mit Unternehmen, die über Grund und Boden verfügen. Überall das gleiche: Vorurteile gegen die Textilbetriebe im allgemeinen und gegen Vertriebenenbetriebe im besonderen. Seht zu, wie ihr fertig werdet, heißt es."

„Grund und Boden haben wir ja nicht", sagte Ellen.

„Der Bankdirektor hat mir ein Beispiel genannt", setzte Kern die Unterhaltung fort. „Eine Augsburger Firma, die um die Jahrhundertwende völlig schuldenfrei war, hat alle Maschinen, Gebäude und Grundstücke an die Bank abtreten müssen, so peu à peu... Die Familie, der das Unternehmen ‚gehört', verwaltet nur noch. Die Firma hat nach Kriegsende alle Patente verloren, und zwar ohne Entschädigung."

„Konntest du sonst noch etwas erledigen?"

„Heute nachmittag habe ich beim Direktorium in München vorgesprochen. Sie werden der Filiale unter Umständen Anweisung geben, den Kredit zu erhöhen. Sie sind bereit, den gesamten Maschinenpark und Warenbestände als Sicherheiten zu akzeptieren."

„Aber es wird nicht reichen, um Stumpf die Einlage zurückzuzahlen."

„Auf einmal zahle ich ihm das Geld sowieso nicht zurück. Na, vielleicht kommen wir jetzt besser miteinander aus, jetzt, wo er die Wohnung hat..."

„Seine Wohnung ist übrigens sehr schön."

Ellen ging ins Wohnzimmer zurück.

„Du hast sie gesehen?"

Er folgte ihr.

„Er wollte, daß ich sie mir ansehe. Ich dachte, daß es richtig wäre, ihn zu bewegen, sie zu nehmen."

„Hm ..."

„Nicht böse sein." Sie nahm das Tablett vom Tisch und verließ das Zimmer.

Als sie zurückkam, saß Kern auf der Couch und blätterte in der Zeitung. Ellen setzte sich zu ihm.

„Ist dein Koffer noch im Wagen?"

„Er steht im Schlafzimmer."

„Wollen wir Musik hören?"

„Ich muß noch einmal in den Betrieb", sagte er und faltete die Zeitung zusammen.

## 12. Kapitel

„Komm frühstücken!" rief Ellen aus dem Wohnzimmer. „Der Tisch ist gedeckt."

Als Ellen Kaffee einschenkte, sagte sie:

„Ich muß dir noch etwas sagen, Georg. Ich wollte gestern abend nicht mehr davon anfangen..." Sie zögerte.

„Du tust so geheimnisvoll."

„Stumpf hat der Firma ‚Femina' Stücke mit Einfachgarn geschickt."

„Jetzt ist meine Geduld aber zu Ende." Kern warf die Serviette auf den Tisch.

Er trat ans offene Fenster. Die Sonne, die über den Bäumen am jenseitigen Höhenzug stand, blendete.

„Und ich lade ihn noch zum Essen ein", sagte Kern erbost. Er drehte sich um. „Ich kann dich nicht begreifen! Warum hast du mir gestern nichts davon gesagt? Der lacht uns ja aus..."

„Bitte, mach mir keine Vorwürfe... Du weißt genau, wie die Dinge liegen. Übrigens kannst du ganz beruhigt sein. Die Firma ‚Femina' möchte Ersatzware. Einige Stücke sind gestern schon abgegangen."

Kern sah starr aus dem Fenster.

„Wenn Stumpf heute oder morgen geht, hast du noch größere Sorgen“, sagte Ellen. „Du mußt die Sache in Güte mit ihm regeln.“

Kern fühlte zum ersten Mal, daß sie beide in eine demütigende Lage geraten waren. Stumpfs Einlage machte praktisch den gesamten Warenbestand aus. Sein Geld steckte nicht nur in der Fertigware, sondern auch in den Halbfertigfabrikaten. Sollte er Stumpf den gesamten Warenbestand übereignen und den Betrieb auf Lohnarbeit umstellen? Was war richtig? Stumpf weiterwursteln zu lassen oder ihn zum Teufel jagen? Gestern abend hatte er festgestellt, daß Stumpf entgegen seiner ausdrücklichen Anordnung die Tourenzahl bei den Webstühlen wieder erhöht hatte. Einmal mußte ja Schluß sein. Lieber heute als morgen reinen Tisch gemacht! Er mußte ja in Ellens Augen sein Gesicht verlieren, wenn er Stumpf den Vertrag nicht kündigte. Wie konnte ihn seine Frau noch achten, wenn er ein Gefangener dieser unwürdigen Verhältnisse blieb. Ellen mußte ja annehmen, daß er Angst hatte. Aber er gehörte nicht zu den Ängstlichen.

Die Angst lag lange hinter ihm. Er hatte sich im Krieg von ihr befreit. Alles, was man im Krieg verlieren konnte, wenn man keine Angst mehr hatte, war das Leben zu verlieren. Aber im Frieden war das anders. Das Leben konnte er jetzt kaum verlieren, wenn er aufs Ganze ging. Aber unter Umständen seine Fabrik. Und danach ging das Leben weiter.

Sein Zögern hatte mit Angst nichts zu tun.

Im Krieg Mut zu haben war einfacher.

Aber wozu große Erklärungen abgeben. Er mußte handeln. Reflexionen waren Ballast. Er starrte noch immer zum Fenster hinaus. Er hörte, wie Ellen den Tisch abräumte.

Plötzlich stand sie neben ihm.

„Wäre es dir denn wirklich lieber gewesen, wenn ich es dir gestern abend gesagt hätte, nach einer anstrengenden Fahrt?“

„Wenn du mich gleich informiert hättest, hätten wir Stumpf nicht zum Abendessen dagehabt.“ Pause. „Und du gehst mit ihm in seine Wohnung... Wann warst du in seiner Wohnung? Vorher oder nachher?“

„Was meinst du?“

„War dir das mit ‚Femina‘ schon bekannt, als du dir die Wohnung mit ihm angesehen hast?“

„Nein.“

„So, so.“

„Die Firma ‚Femina‘ hat heute angerufen.“

„Und wenn schon. Es paßt mir einfach nicht. Ihm ist doch die Wohnung angeboten worden und nicht dir! Das ist tatsächlich eine tolle

Sache!“ Er ging im Zimmer auf und ab. „Und du gibst ihm sogar noch Empfehlungen.“

„Es lag doch auch in deinem Interesse ...“

„Daß ich nicht lache.“

Ellen wandte sich brüsk ab. „Willst du dich unbedingt mit mir streiten?“

„Ja, findest du denn dein Verhalten richtig?“ rief er erregt.

„Ich erkenne dich nicht mehr wieder! Wir haben uns einmal das Versprechen gegeben, immer tolerant zu sein. Und jetzt braust du auf wie ein Neunzehnjähriger!“

„Hier geht es um Dinge, die ich nicht so ohne weiteres hinnehmen kann. Ich bin in Karlsruhe, und du verschwindest mit Stumpf in irgendeiner Wohnung! Irgendwo hat die Toleranz ihre Grenzen.“

„Es hat keinen Zweck ...“

„Stumpf ist nicht so dumm, wie du vielleicht glaubst. Ein bißchen Distanz könnte nicht schaden. Du würdest gut daran tun, etwas Distanz zu halten und weniger freundlich zu sein.“

„Ich kann dich nicht begreifen, aber rede nur weiter!“

„Da gibt es nicht mehr viel zu reden, nach dem, was vorgefallen ist. Es ist höchste Zeit, daß ich Stumpf ausboote.“

„Ich habe nichts dagegen“, sagte sie mit zitternder Stimme. „Dann würdest du mir auch viel ersparen … Du glaubst wohl am Ende, daß mir an ihm etwas liegt? Ja, du hast recht, ich war die ganze Zeit über freundlich zu ihm. Es wird dir sicher nicht schwerfallen, herauszufinden, aus welchem Grund ich ihm ein freundliches Gesicht gezeigt habe. Nur wegen seiner verdammten Einlage! Ja, ich sage verdammte Einlage! Du ahnst ja gar nicht, wie ich das Geld inzwischen hassen gelernt habe. Um dir zu helfen“, schluchzte sie, „nur um dir zu helfen, habe ich Zeit für ihn aufgebracht, bin ich mit ihm in den Zirkus gegangen und habe ich ihn ab und zu zum Essen eingeladen. Damit du mit deinem Betrieb nicht in Schwierigkeiten gerätst, war ich freundlich zu ihm. Jetzt weißt du es! Hast du denn noch nicht erkannt, daß wir machtlos gegen ihn sind, solange du kein Ersatzkapital hast? Schön, dir gehören die Maschinen und du arbeitest, aber er hat das Geld und spielt den Teilhaber, der Gewinne sehen will …“

Kern, der sie die ganze Zeit angesehen hatte, wandte sich ab.

„Ich würde mich an deiner Stelle beherrschen“, sagte er schließlich. „In jeder Hinsicht!“

Ellen verließ das Wohnzimmer und schloß die Tür hinter sich.

Auf dem Korridor holte Kern sie ein und hielt sie fest.

„Warte!"

„Bitte, laß mich los", schluchzte sie. „Ich bin mit meinen Nerven am Ende, damit du es weißt." Sie sah ihn durch einen Tränenschleier. „Ich kann nicht mehr." Er spürte, daß sie zitterte. Sie machte sich los.

„Wohin willst du?" fragte er.

„Gib dir keine Mühe", flüsterte sie, während sie ihm den Rücken zukehrte.

„Ellen, beruhige dich", sagte er sanft. „Wir sind beide nervös."

Sie ließ sich in den Sessel fallen.

„Geh jetzt bitte!"

„Ich sage dir doch, daß ich dir verzeihe." Er wartete.

Aber sie blieb schweigsam.

Ellen sprach den ganzen Tag über kein Wort mehr. Sie ging weder in den Betrieb noch ins Büro.

Um zehn Uhr hörte sie Stumpf kommen, und dann hörte sie Streit, und die Türen wurden geworfen.

Das Mittagessen verlief schweigsam. Kern war bleich, und Ellen fragte ihn nicht danach, wie er mit Stumpf verblieben war. Ein paarmal sah sie in sein sorgenvolles Gesicht. Er aß völlig mechanisch. Nur das Geräusch, das die Messer und Gabeln verursachten, war zu hören. Ellen kostete es große Anstrengung zu schlucken. Am liebsten hätte sie keinen Bissen angerührt und den Teller weggeschoben. Aber sie beherrschte sich. Wenigstens das Essen sollte so verlaufen wie immer. Sie überlegte, wie diese Krise am schnellsten überwunden werden konnte. Georg hatte offenbar nicht die Absicht, sich jetzt mir ihr auszusprechen. Da war es wohl richtig, auch nichts zu sagen. Nur keine neuen Vorwürfe heraufbeschwören! Sie haßte die Dinge, die diese Krise hervorgerufen hatten.

Vor allem das Geld!

Schweigend räumte sie den Tisch ab, und Kern ging, ohne den Nachtisch angerührt zu haben, ins Büro. Auf der Schwelle drehte er sich um.

„Entschuldige mich..."

Am Abend entschloß sie sich, einen Spaziergang zu machen.

Sie hatte einmal gelesen, daß die Engländer einen Spaziergang als das beste Mittel gegen Ärger ansehen. Einen Spaziergang, gleichgültig welches Wetter herrscht. Das Wetter sah jetzt am Abend nicht besonders freundlich aus. Der Himmel war verhangen, aber es regnete nicht. Sie nahm trotzdem den Schirm mit. Als sie die Treppe hinunterging, sah sie Georg zusammen mit

Brandt in den Schärraum gehen. Ein Weber, der einen Kettbaum auf einem niedrigen Wagen beförderte, folgte ihnen.

Ellen ging langsam auf der Promenade am Fluß entlang. Ihre Absätze knirschten auf dem sandigen Weg. Einmal blieb sie stehen und murmelte: „Alles dreht sich ums Geld."

Sie war sich klar, daß das keine sehr große Erkenntnis war. Aber zum ersten Mal in ihrem Leben beherrscht sie dieser Gedanke total. Sie gibt zu, daß ihr das Leben bisher romantisch vorkam. Jetzt findet sie das Leben nicht mehr romantisch. Und sie wird es wohl in Zukunft auch nie mehr romantisch finden. Führt die Macht des Geldes, die sie jetzt so total fühlt, zu etwas Gutem oder Schlechtem? Sie sagt sich, daß das Geld den Menschen nur verderben kann, aber nicht bessern. Aber derjenige, der das Geld verachtet, überlegt sie weiter, ist auch nicht zu beneiden. Er wird von den Besitzenden nicht für voll genommen. Der Mensch wird letzten Endes nach seinem Besitz beurteilt.

Warum beginnt der Mensch erst, wenn er über Besitz und ein Bankkonto verfügt?

Warum gilt der Reiche als moralisch und der Arme so oft als unmoralisch?

Als Schwester hat sie viele arme Patienten kennengelernt, für die manche Schwester nie viel

Zeit hatte. Dabei hatten diese Patienten ihr Leben lang vom Morgen bis zum Abend gearbeitet und deshalb zum Lernen, für die sogenannte Bildung, kaum Zeit gehabt. Die Arbeit hatte diese Menschen ein Leben lang an die Wand gedrückt, die Arbeit für andere.

Sie sah ins Wasser, das träge dahinfloß, und wünschte sich, von allem nichts mehr zu sehen und zu hören. Sie weiß plötzlich, daß man nicht wahnsinnig zu sein braucht, um ins Wasser zu gehen. Oder ist man es, wenn man ins Wasser geht? Ist man dann soweit? Gebrochen und kaputt.

Nein, sie darf sich nicht unterkriegen lassen.

Wenn diese Welt es in sich hat, einen wahnsinnig zu machen oder nahezu wahnsinnig, dann darf man sich letztlich nicht von ihr unterkriegen lassen.

Es kommt darauf an, zu erkennen, wie es um diese Welt steht. Wenn den Menschen etwas immun machen kann gegen Verzweiflung und Verbitterung, dann sind es Erkenntnis und Wissen. Aber sie weiß, daß es nicht so einfach ist, immer über den Dingen zu stehen. Trotzdem: Man darf sich nicht von einer Welt besiegen lassen, die schlechter ist als man selbst.

Sie erinnert sich an Zeitungsmeldungen, wonach Menschen infolge ‚seelischer Depressionen' ins Wasser gingen. Noch nie hatte sie gelesen, daß ein Staatsanwalt, ein Richter oder Rechtsanwalt ins Wasser gegangen war. Sind diese Menschen immun gegen seelische Depressionen? Oder schützt diese Leute ihre Stellung und ihr hohes Einkommen vor Verzweiflungstaten?

Wie kommt es, daß ordentlichen und arbeitsamen Menschen nicht geholfen wird, wenn sie in Not geraten?

Und warum dauert es so lange, bis Hilfe kommt, wenn die Absicht besteht, ihnen zu helfen? Die Welt ist schon sehr gleichgültig.

Es ist eine Welt, in der man es als Belastung empfindet, füreinander da zu sein.

Außerhalb der Ehe und der Familie scheint die Nächstenliebe zu enden.

Vielleicht ist es vermessen, wenn eine Geschäftsfrau wie sie das Paradies fordert.

Vor ihren Augen tauchte ein Bild aus der Vergangenheit auf: Die Fahrt mit dem Omnibus von Schlehdorf nach Kochel.

„So gern ich Schlehdorf verlasse und mich freue, wieder gesund zu sein, so gern möchte ich wieder einmal hierher zurückkommen“, hatte sie zu Georg gesagt.

„Wir werden in den nächsten Jahren sparen müssen“, hatte er erwidert. „Der Betrieb ist noch lange nicht das, was ich mir vorstelle.“

„Ja, wir wollen sparen, und wenn wir uns einschränken, ist es ja zu unserem Vorteil, nicht wahr?“

Georg hatte ihre Hand genommen. Der Omnibus fuhr schnell die Allee entlang. Sie blickten über den See, der zur Rechten lag. Am jenseitigen Ufer erhoben sich die Berge, die ihr so vertraut waren. Für drei Monate waren diese Berge die Kulisse eines Lebensabschnittes für sie gewesen. Von einem bestimmten Punkt aus sahen sie die gewaltigen Röhren, die vom Walchensee hinunter zum Kraftwerk führten. Der Himmel war sommerlich blau, und es war sehr warm im Omnibus. Dann kamen Kochel und der Bahnhof in Sicht, und der Omnibus hielt, und sie nahmen ihre Koffer und stiegen in den Zug nach München ein.

An diesen Tag, an dem ein neuer Lebensabschnitt für sie begann, muß sie jetzt zurückdenken. Die Erinnerung befreit sie etwas von den Gedanken, die sie sich über das Geld gemacht hat, auf das sie mit ihrem Betrieb so dringend angewiesen sind. Wenn doch Georg mit seinem Betrieb von einer Seite ernsthaft unterstützt würde oder Stumpf vernünftiger wäre. Sie überlegt, mit wem sie über ihre Probleme sprechen kann.

Sie kam in die Nähe der amerikanischen Wohnsiedlung.

Die Kinderspielplätze lagen verlassen. Ellen ging langsam über den asphaltierten Bürgersteig und sah auf die grüngestrichenen Schaukeln und Karussells. Wind kam auf und bewegte die Blätter der Bäume.

## 13. Kapitel

Stumpf klappte den Liegestuhl zusammen und trug ihn vom Balkon ins Badezimmer. Anschließend rasierte er sich, badete und brachte seine Nägel in Ordnung.

Auf dem Weg ins Schlafzimmer blieb er vorm Garderobespiegel stehen. Er stellte den rechten Fuß vor und betrachtete sein Spiegelbild. Er senkte die Augenbrauen. Er holte tief Luft. Er war nur mit einer kurzen Unterhose bekleidet.

„Sie meinen wohl, ich lasse mir alles von Ihnen gefallen, wie? Ich will Ihnen sagen, was ich tun werde: Ich werde zum Anwalt gehen. Jawohl! Ich weiß auch schon, zu welchem Rechtsanwalt ich gehen werde. Sie werden Augen machen!" Er spielte mit der Zunge an der Oberlippe. „Schlecht. Ganz schlecht. Anders, nicht so!" Er verstummte und stellte den linken Fuß vor.

Er wiederholte:

„Ich werde zum Anwalt gehen. Ich weiß auch schon, zu welchem... Sie werden Ihr blaues Wunder erleben! Das sag' ich Ihnen... Ich bleibe keinen Tag länger Teilhaber Ihres kleinkalibrigen Unternehmens. Ich werde mich dort beteiligen, wo was verdient wird... Vielleicht kaufe ich Aktien. Da lebe ich von Zinsen und von Spekulationsgewinnen! Da brauche ich keinen Finger mehr krumm zu machen und muß mir nicht ständig Ihr dummes Gerede anhören... Sie ahnen gar nicht, wie Sie mich anöden mit Ihrer simplen Bude!" Er stemmte die Arme in die Hüften. „Lächeln Sie nur... Ich lächle auch noch mal. Wer zuletzt lacht, lacht am besten. Das sollten Sie doch wissen, Sie Schlaumeier..." Er hob den Kopf.

„Sie werden noch an mich denken", fuhr er mit gepreßter Stimme fort. „Sie glauben wohl, ich warte bis zum Januar, was? Da haben Sie sich aber getäuscht. Morgen gehe ich zum Anwalt! Wissen Sie, es ist mir ziemlich gleichgültig, was Sie von mir denken. Die Meinung anderer Leute war schon immer unmaßgeblich für mich... Das sind Sie wohl nicht gewöhnt, daß Ihnen jemand die Meinung sagt. Sie wollen Fachmann sein. So eine Unmenge Garne zu kaufen. Ich mache dieses Vabanquespiel nicht mehr mit... Suchen Sie sich einen anderen für Ihre Spielchen!"

Er wandte sich jäh ab, ging ins Schlafzimmer und zog einen dunkelbraunen Anzug an, den er vor einem Jahr in Frankfurt gekauft hatte. Er zog die Armbanduhr auf. Dann nahm er den Trenchcoat vom Haken.

Die Straße war wie leergefegt. Er ging langsam die Straße entlang, ohne zu wissen, wohin. Sein Blick wanderte über die Fenster der Häuserfront. Dort sitzen jetzt die Männer in Pantoffeln, dachte er, und lesen die Zeitung. Soweit wollte er es niemals kommen lassen. Und wenn er an die Frauen dachte: Sie saßen vielleicht mißgelaunt auf dem Sofa und warteten darauf, daß ihr Mann zu sprechen anfing. Aber der saß da und las und las, ohne richtig zu wissen, was er las. Stumpf blieb stehen und zündete sich eine Zigarette an. Was hatte er eigentlich vor? Verdammt noch mal, warum amüsierte er sich nicht? Warum dachte er fortwährend an Ellen? Es war Zeit, von hier zu verschwinden. Sie wollte ja offenbar sowieso nichts von ihm wissen. Aber wenn er daran dachte, daß sie hübsch war, gut proportioniert und kühl, und daß sie vielleicht selbst nicht recht wußte, was sie tun sollte, dann lohnte es sich vielleicht doch, noch zu bleiben. Alles in allem bestand die Möglichkeit, daß sie sich entschlossen hatte, sich ihm hinzugeben ... Durchaus ... Warum sollte sie sich nicht dazu entschlossen haben, verdammt noch mal ... Er bog in eine Nebenstraße ein.

Ellen erkannte Stumpf schon von weitem. Sie war nicht überrascht. Warum ging sie ihm entgegen? Warum wich sie ihm nicht aus? Sie konnte umkehren und davonlaufen. Warum war sie hierhergegangen, in die Gegend, wo er wohnte? Sie hatte plötzlich das Gefühl einer Selbstmörderin, die keine Furcht mehr kannte.

„Daß ich Sie hier treffe…" Stumpf blieb zwei Meter vor ihr stehen, breitbeinig, den Mantel über dem Arm. „Sie sind allein?"

Sie schwieg.

„Was nun?" fuhr er fort. „Ich hätte Ihnen gern mal meine Wohnung gezeigt… Bis auf den Fernsehapparat und ein paar Kleinigkeiten ist bereits alles geliefert worden."

„Sagen Sie mir lieber, wie Sie mit meinem Mann verblieben sind…" Sie ging neben ihm her. Es begann zu regnen, und sie spannte den Schirm auf.

„Ach, Sie wissen gar nicht, was heute morgen los war?" Er zog sich seinen Mantel an. „Spricht Ihr Mann nicht mehr mit Ihnen?"

„Mein Mann war den ganzen Tag im Betrieb", sagte sie ausweichend.

„Na, kommen Sie, ich erzähle es Ihnen bei mir oben…"

Sie gingen schweigend die zwanzig Meter bis zu seiner Wohnung.

Sie folgte ihm die Treppe hinauf, bemüht, mit ihren Absätzen so wenig Krach wie möglich zu machen.

„Den Schirm stellen wir neben die Garderobe", sagte Stumpf, als die Wohnungstür hinter ihnen ins Schloß fiel. „Lassen Sie den Schirm nur aufgespannt! So..." Er sah im Spiegel, wie Ellen sich über das Haar strich.

„Ich kann nicht sehr lange bleiben", sagte sie, während er sich den Mantel auszog.

„Sie sind mein erster Gast!" erklärte er. „Das muß gefeiert werden..."

Er öffnete die Tür zum Wohnzimmer.

„Na, wie gefallen Ihnen die Möbel? Ich habe mir eine Eckcouch gekauft... Die Stehlampe ist der letzte Schrei! Wie ich Ihnen schon sagte, es ist natürlich noch nicht alles komplett. Aber nach zwei Tagen kann man nicht mehr verlangen, wie?"

Ellen setzte sich in einen der blauen Sessel. Sie war sehr blaß. Ohne sich besonders für die Möbel zu interessieren, sagte sie ernst:

„Nun?" Sie sah ihn forschend an.

„Es ist kurz erzählt", sagte er und schloß die Tür. „Ihr Herr Gemahl hat sich wieder mal aufgespielt... Er möchte, daß ich Anfang nächsten Jahres ausscheide... Solange darf ich noch bleiben. Großzügig, nicht wahr?"

Sie sah hinaus in den fallenden Regen.

Er sah sie an. „Hat sich Ihr Mann mit Ihnen auch gestritten?" Er holte eine Flasche.

„Ich trinke nichts", sagte sie.

Stumpf stellte die Flasche geräuschvoll auf den Tisch.

„Ich möchte nicht indiskret sein", nahm er den Faden wieder auf, „aber vielleicht erzählen Sie mir, was passiert ist... Haben Sie nicht das Bedürfnis, sich auszusprechen? Ich weiß ja, daß es nicht leicht ist, mit Ihrem Mann auszukommen... Er hat das Benehmen eines Barons, der hocherhobenen Kopfes, Monokel im Auge, über verpfändete Felder stolziert..."

„Bitte..."

„Es ist die Wahrheit." Er stellte Gläser auf den Tisch und legte eine Platte auf. Die Nadel kratzte leise. Dann ertönte Musik. „Ich bin auf Ihren Mann nicht angewiesen", fuhr er fort, „Ihr Mann ist auf mich angewiesen! Aber das hat er vermutlich nie kapiert. Bloß gut, daß ich nicht meine sämtlichen Reserven in seinen Laden gesteckt habe. Dann hätte ich jetzt noch mehr Ärger. Ich werde sowieso hinter meinem Geld herlaufen müssen. Na ja, beruhigend, zu wissen, daß man in der Schweiz noch 'ne Menge Geld hat..." Er schnippte mit den Fingern. „Wissen Sie, wenn ich wollte, könnte ich mir jederzeit ein halbes Dutzend schwere Wagen kaufen... Dazu kommt noch das Geld, das in Ihrem Betrieb steckt."

„Sie haben das Geschäft nie ernst genommen."

„Aha."

„Mein Mann ..."

„Ihr Mann", unterbrach er sie, „hören Sie mir mit Ihrem Mann auf ... Er hat geglaubt, daß ich mir bis in alle Ewigkeit alles von ihm gefallen lasse. Aber ich habe auch meinen Stolz, wenn es vielleicht auch nicht immer so ausgesehen hat. Man ist schließlich nicht dazu verurteilt, sein ganzes Leben lang Prügel einzustecken. Ich habe schon genug Prügel eingesteckt. Das sage ich Ihnen ganz offen. Alle, die meiner Generation angehören, haben Prügel eingesteckt. Beim Militär und in der Kriegsgefangenschaft gab's Tritte in den Hintern. Und als der Krieg vorbei war, ging's weiter. Da haben sie uns in der Heimat groß angesehen, weil wir 'ne eigene Meinung hatten ..."

Sie ließ ihn reden.

„... Unsere Knochen durften wir zu Markte tragen, aber eine eigene Meinung sollten wir im Anschluß an das Ganze nicht haben. Jeder hat was gewußt: der Staat, die Verwandtschaft und die lieben Nachbarn, deren Töchterchen inzwischen flügge geworden war. Man blieb immer der Oberschüler, der das Pech hatte, in den Krieg zu schlittern ... Und den schlauen Politikern, die den Frieden nicht retten konnten, sind wir Davongekommenen ein ewiger Vorwurf. Im Unterbewußtsein haben sie vor uns kapituliert, wenn uns ihr Intellekt auch angreift. Die wissen, daß sie aus uns kein Spalierobst machen können. Am liebsten sähen sie es, wenn wir uns in Dampf auflösen würden. Aber den Gefallen werde ich ihnen nicht tun. Ich möchte den Laden, den sie uns eingerichtet haben, studieren, heute hier 'n bißchen, morgen da 'n bißchen, wie 'n Forscher... Wenn Sie wüßten, wie satt ich alles habe..."

„Ich habe versucht, Sie zu verstehen." Sie erhob sich.

„Bitte, bleiben Sie!" Und nach einer kurzen Pause: „Gegen Sie hab' ich nichts, das wissen Sie doch genau. Was mich stört, ist, daß Ihr Mann so stur ist... Mit dem kann man doch keine Geschäfte machen."

„Sie klagen immer nur meinen Mann an, und sich selbst entschuldigen Sie."

„Sie werden es noch erleben, wie er es Ihnen danken wird, daß Sie zu ihm halten. Ist er nicht auch rücksichtslos gegen Sie? Daß Sie allein im Regen spazierengehen, beweist es doch!"

„Sie haben seine Sorgen nie gehabt." Ihr Gesicht wirkte müde. Sie setzte sich wieder.

„Warum hat er denn eine Fabrik angefangen? Es hat ihn niemand dazu aufgefordert. Aber Sie lassen sich ja nicht belehren."

„Sie sollten sich ein Beispiel an meinem Mann nehmen."

„Natürlich, er ist das Herz des Betriebes, er ist der große Mann, der große Unternehmer, weiß ich, was sonst noch alles. Und ein feiner Mann ist er natürlich auch. So fein kann ich nie werden... Das wollen Sie doch sagen, nicht wahr? Der große Unternehmer, der feine Mann schickt seine Frau auf die Straße, hinaus in den Regen, während er im trockenen bleibt, jawohl!"

„Ich habe eine einzige Bitte an Sie", sagte Ellen, „belassen Sie meinem Mann Ihre Einlage solange, bis er Ersatzkapital hat, damit er nicht gezwungen ist, den Betrieb einzuschränken."

„So, ich soll Rücksicht nehmen. Glauben Sie, auf mich hätte schon mal jemand Rücksicht genommen, wenn es ums Geld ging? Da kennen Sie die Menschen aber schlecht... Ich will Ihnen sagen, was ich tun werde: Ich gehe morgen früh zum Anwalt, ich weiß auch schon zu welchem." Er stellte das Radio an. „Ich gehe zu dem Anwalt", sagte er über die Schulter, „der schon mal 'n Prozeß gegen Ihren Mann geführt hat." Plötzlich schaltete er das Radio wieder ab. „Morgen oder übermorgen wird Ihr Mann den Brief vom Anwalt erhalten."

„Haben Sie meinem Mann bereits gesagt, daß Sie einen Anwalt einschalten wollen?"

„Bis jetzt noch nicht, aber er wird es noch früh genug erfahren."

Ellen ließ Stumpf nicht aus den Augen.

Sie fühlte, daß er sie durch seinen Entschluß, zum Anwalt zu gehen, innerlich besiegt hatte. Sie wußte sofort, welchen Anwalt er meinte.

„Sie müssen das richtig sehen", hörte sie Stumpf sagen, „das Ganze ist eine Angelegenheit, die nur Ihren Mann und mich angeht." Er lächelte gezwungen. „Gegen Sie habe ich nichts."

„Lassen Sie meinem Mann das Geld bis zum Januar", bat sie. „Tun Sie es mir zu Gefallen."

„Wenn er ein großer Unternehmer ist, wird er mit den Schwierigkeiten fertig werden..."

„Bitte..."

„Sie verlangen eine ganze Menge von mir", sagte er, indem er sich das Jackett auszog. „Na, trinken wir erst mal... Sehr zum Wohl! Na, kommen Sie!"

Ellen verzog das Gesicht, als sie das Glas absetzte. Sie drehte das Glas zwischen den Fingern.

Stumpf schlug die Beine übereinander und schien befriedigt, daß die Unterhaltung auf ein besseres Gleis kam. Ellen neigte sich über ihr Glas. Ihr Blick streifte Stumpfs rotblau gestreifte Socken. Er goß sich ein zweites Glas ein. Ellen schluckte den Rest ihres Glases, und Stumpf füllte, ohne vorher zu fragen, sofort nach. Ihre Hand lag auf der Tischplatte. Für einen Moment hob sie sie. „Danke!“

Stumpf streckte die Hand aus und umschloß ihr Handgelenk. Für einen Augenblick war er wieder der unsichere kleine Junge. Aber als sie sich nicht rührte, schnappte etwas in ihm, und er wußte plötzlich, daß er sie besiegt hatte. Wildes Verlangen stieg in ihm auf. Er spürte sein Herz im Halse pochen.

Er beugte sich jäh vor und zog Ellen neben sich auf die Couch. Im nächsten Augenblick preßte er seinen Mund auf ihre Lippen. Sie war innerlich viel zu erschöpft, um sich ihm zu entziehen.

Sie hielt die Augen geschlossen. Sie blieb völlig unbeteiligt. Er knöpfte ihr die Kostümjacke und die Bluse auf. Plötzlich hob er sie mit einem Ruck hoch und trug sie hinüber ins Schlafzimmer. Jetzt gab er den Ton an. Endlich!

„Lassen Sie mich los!“ rief sie und bewegte ihre Beine so heftig, daß ein Schuh auf den Boden fiel.

„Vergessen Sie die Sorgen!“ keuchte er. „Lassen Sie alles stehen und liegen und kommen Sie mit mir!“ Er küßte in steigender Erregung ihren Hals und das Gesicht.

„Wie können Sie nur so gemein sein“, war alles, was sie noch sagen konnte, bevor er sie aufs Bett fallen ließ und zu ihr drängte. Ihr Gesicht straffte sich. Sie stemmte die Arme gegen seine

Schultern. Aber sie konnte nicht verhindern, daß er ihr die Jacke und die Bluse abstreifte. Seine Augen verengten sich. Er vergrub sein Gesicht zwischen ihren Brüsten, während sie versuchte, sich aufzurichten. Über sich sah sie den knallroten Schirm einer Hängelampe. Sie spürte Stumpfs Atem an ihrem Ohr.

„Lassen Sie mich", flüsterte sie. „Lassen Sie mich gehen..."

„Warum nicht?" keuchte er und preßte seinen Kopf an ihre heiße Wange. Er spürte den Druck ihrer runden Knie an seinem Körper.

„Bitte, lassen Sie mich los! Wenn Sie mich nicht loslassen, schreie ich, daß das ganze Haus zusammenläuft..."

Er preßte sie noch fester an sich.

Indem sie alle Kraft zusammennahm, stieß sie ihn von sich und setzte sich auf die Bettkante.

Da ertönte die Türglocke. Drängend! Zweimal!

Stumpf zögerte.

„Gehen Sie aufmachen!" sagte Ellen. „Gehen Sie!"

Stumpf verließ das Schlafzimmer. Seine Ohren waren wie taub. Er kam sich vor wie ein alter Mann. An der Garderobe im Korridor kämmte er sich. Er versuchte, seiner Erregung Herr zu werden.

Es läutete noch einmal.

Ellen raffte ihre Kleidungsstücke zusammen und zog sich hastig an. Zitternd schlüpfte sie in ihre Schuhe und stellte sich an die Tür zur Diele.

„...Es ist heute nachmittag für Sie abgegeben worden“, hörte sie eine weibliche Stimme sagen. „Sie waren nicht da...“ Dann Lachen.

Durch den Türspalt sah Ellen, daß es das blonde Fräulein aus dem dritten Stock war.

„Schon recht“, murmelte Stumpf. „Danke!“

„Nichts zu danken... Gern geschehen...“

Stumpf schloß die Tür.

Ellen kam in den Korridor und nahm ihren Schirm.

Stumpf sah sie an, ein braunes Paket in den Armen. Seine Augen glänzten.

„Mit meinem Geld hat es sich Ihr Mann gut gehen lassen“, sagte er, indem er sich bemühte, seine Stimme in die Gewalt zu bekommen.

Ellen drehte sich noch einmal nach ihm um. Er hatte einen unglücklichen Ausdruck in den Augen.

Sie hatte die Türklinke in der Hand.

„Ich meine es gut mit Ihnen“, sagte er. „Alles hier könnte Ihnen gehören. Sie wissen doch, was Sie bei Ihrem Mann erwartet... Überlassen Sie es anderen, Geschäfte zu machen! Sie sind nicht für Aufregungen geschaffen. Sie sind geschaffen, das Leben zu genießen.

Ellen öffnete die Tür.

Er sah sie unsicher an.

„Sie brauchen keine Bange zu haben!“ rief er hinter ihr her, „ich werde nicht zum Anwalt gehen ...“

Der Fluß rauschte. Die Wolken hatten sich aufgelöst, und die Sterne blitzten. Die Luft am Fluß roch nach Wasser.

Ellen versuchte, nicht mehr daran zu denken. Am liebsten hätte sie ihm ins Gesicht geschrien: „Sie sollen Ihr Geld haben, Ihr schmutziges Geld! Glauben Sie, Sie können mich kaufen ...? Er war widerlich. Gemein und widerlich. Nicht mehr daran denken.

Als sie in die Nähe der Fabrik kam, wurde ihr Schritt langsamer.

Das Wohnzimmerfenster war erleuchtet. Sie überlegte, ob sie Georg erzählen sollte, was sich eben ereignet hatte. Wenn sie schon früher mit ihm darüber gesprochen hätte, läge schon alles hinter ihnen.

Sie ging leise die Treppe hoch. Das war ihr Heim. Hier war ein Mensch, der immer gut zu ihr war. Ihre Finger kontrollierten die Knöpfe ihrer Bluse.

Sie öffnete die Tür zu ihrem Zimmer. Da ging die Tür hinter ihr, und sie fühlte Kerns Arme um sich.

Er drehte sie um. Ihr Kopf sank an seine Schulter. Er streichelte ihr Haar. Wie schwer ihr Kopf auf einmal war. Wie war das alles gekommen? Plötzlich drehte sich alles im Kopf. Hatte sie schuld an allem? Was sie auch immer getan hat, hat sie getan, um Georg und sich selber zu schützen. Und zu ihnen gehört die Firma ... Bei allem, was sie tut, denkt sie an die Firma. Sie war einfach durcheinander, als Stumpf vom Anwalt gesprochen hatte ... Deshalb war sie sitzengeblieben, länger, als sie vorgehabt hatte.

Sie hob den Kopf und sah Georg an.

Sie gingen zusammen ins Wohnzimmer.

„Ich habe Stumpf getroffen", gestand sie ihm. „Er hat mir gesagt, daß du ihm zum Januar gekündigt hast ..."

„Vielleicht läßt er mir die Einlage bis zum Januar."

„Kannst du ihm das Geld nicht sofort auszahlen? Es wäre schön, nicht mehr abhängig von ihm zu sein."

„Er wird seine Einlage in Raten zurückerhalten. Möglich, daß es ihm nicht paßt, aber ich werde fest bleiben, auch wenn er zum Anwalt gehen sollte ..."

„Möchtest du eine Tasse Kaffee?" fragte sie ihn.

„Eigentlich ja."

Als sie mit dem Kaffee kam, lag er im Fenster und sah hinaus in die Nacht.

„Ich denke gerade daran, wie wenig du vom Leben hast“, sagte er und erhob sich. Der Nachtwind verfing sich in den Vorhängen.

„Red' keinen Unsinn, Georg.“

„Doch, doch, es ist so. Andauernd nur Aufregungen. Ich kann mir auch etwas Schöneres für eine Frau denken ...“

„Es ist nun mal so.“

Sie tranken den Kaffee.

Plötzlich sah sie ihn ernst an. „Was heute morgen war, Georg, wollen wir vergessen, nicht wahr?“

„Es war doch nichts“, sagte er. „Im Grunde hast du ja recht gehabt.“

## 14. Kapitel

Zwei Tage später traf ein Brief von Rechtsanwalt Seifert aus München ein. Noch am gleichen Tag rief Ellen an und vereinbarte einen Termin. Sie fuhr schon am nächsten Tag nach München.

Die Wohnung von Rechtsanwalt Seifert lag in München-Grünwald. Seifert bewohnte dort ein Einfamilienhaus mit Garten und Swimmingpool. Ellen hatte ein schlichtes beigefarbenes Kleid angezogen. Seiferts Chauffeur holte sie am Bahnhof ab.

Frau Seifert empfing Ellen mit den Worten:

„Mein Mann ist leider noch in der Kanzlei." Ihr Ton drückte Bedauern aus. „Aber er muß gleich hier sein. Sie wissen ja, wie es ist. Im letzten Moment kommt leider immer etwas dazwischen." Sie führte Ellen in das geräumige Wohnzimmer, an dessen breiten Fenstern hohe Blattpflanzen grünten. „Bitte nehmen Sie Platz."

„Danke."

„Aber nun erzählen Sie mir, wie es Ihnen geht ... Sie schrieben uns, Sie hätten geheiratet."

„Vor zwei Jahren."

„Ich habe oft an Sie denken müssen", lächelte Frau Seifert. Sie sah gesund und zufrieden aus. Sie hatte ein rundliches Gesicht und ein dezentes Make-up. Ihr blondes Haar war frisch onduliert. Über der Stirn war ein silbergrauer Streifen, der fest in eine Welle eingeordnet war. „Mein Gott, wie besorgt Sie um mich waren", fuhr sie fort. „Sie haben mir immer wieder Mut gemacht. Ich habe schon oft zu meinem Mann gesagt: Wer weiß, was geworden wäre, wenn Schwester Ellen nicht gewesen wäre. Wirklich, ich war ja damals so deprimiert, daß mich die Entbindung so untergekriegt hatte... Ich hatte mir das gar nicht so schwierig vorgestellt... Und dann ein Kaiserschnitt! Nein, ich bin nicht fürs Kinderkriegen geschaffen..."

„Ist das Ihr Töchterchen?" fragte Ellen mit einem Blick in den Garten, wo ein Mädchen in einer kurzen roten Hose über den Rasen lief.

„Ja, das ist unsere Henriette", lächelte Frau Seifert. „Ich stelle sie Ihnen nachher gleich vor." Sie holte einen Teller mit Gebäck von einem Tischchen. „Aber nun erzählen Sie mir etwas von sich... Ich kann mir vorstellen, daß ein Betrieb mit vielen Sorgen verbunden ist."

„Ja, und ich konnte meinen Mann finanziell leider gar nicht unterstützen. Sie wissen, ich war Krankenschwester."

„Aber das hält Ihnen Ihr Mann doch nicht vor...?“

„O nein!“

„Das ist schön. Wir wissen ja, daß es Männer gibt, die gerade in dieser Hinsicht nicht besonders tolerant sind.“ Sie beugte sich zu Ellen hinüber und flüsterte: „Ich bin in der gleichen Lage wie Sie! Aber mein Mann war auch gütig genug, mir niemals einen Vorwurf daraus zu machen, daß ich keinen Pfennig in die Ehe mitgebracht habe... Aber ich glaube, jetzt ist er gekommen.“ Sie erhob sich. „Eine Sekunde!“

Ellen blickte in den Garten. Ein leichter Wind bewegte die Blätter der Bäume. Seiferts Töchterlein schaukelte. In der Hand hielt sie eine gelbe Kunststoffschaufel. Ellen hatte das Gefühl, im Hause von Freunden zu sein. Frau Seifert hatte offen und natürlich mit ihr gesprochen, von Frau zu Frau. Sie ist sehr nett, dachte sie. Sicher hatte ihr Mann schon alles eingehend mit ihr besprochen. Als Abgeordneter kannte er sicher die Sorgen der Selbständigen. In München gab es schließlich auch ein Geschäft neben dem anderen: Tausende von Einzelhandelsgeschäften, Handwerksbetrieben und Fabriken...

Ihre Gedanken wurden durch Seiferts Eintritt unterbrochen. Seifert war groß, trug eine Brille und hatte graumeliertes Haar.

„Ich freue mich, daß Sie uns einmal in unserem Heim besuchen“, begrüßte er sie. „Meine Frau und ich haben sehr oft von Ihnen gesprochen, Schwester Ellen ... Oh, Pardon! Ich muß Sie jetzt wohl anders nennen ...“ Er hielt lächelnd inne.

„Ich habe es immer gern gehört“, sagte Ellen.

„Nun, ich hoffe, auch bald Ihren Gatten kennenzulernen. Unbedingt. Aber nehmen wir doch Platz!“ Er rückte an seiner Brille. „Übrigens, wollen wir im Garten Kaffee trinken oder im Zimmer? Frau Kern wird es im Garten sicher besser gefallen.“

„Gut“, sagte Frau Seifert, „ich decke im Garten den Kaffeetisch für uns. Ist es Ihnen recht, Frau Kern?“

„Natürlich.“

„Wenn man den ganzen Tag über im Büro sitzt, sehnt man sich nach Luft und Sonne“, sagte Seifert zu Ellen. „Rauchen Sie?“

„Danke.“

Dann erzählte Ellen von ihren Schwierigkeiten, erwähnte die Auseinandersetzung mit ihrem Teilhaber und die zögernde Haltung der Banken. Sie schloß: „Mein Mann weiß gar nicht, daß ich zu Ihnen gefahren bin ...“

„So, so“, sagte Seifert. Er sann einen Augenblick nach, dann sagte er: „Ich kann Ihnen heute leider noch keine verbindliche Zusage geben ...

Sie verstehen. Ich bin nicht die Bank. Verbleiben wir doch so: Ich spreche Anfang kommender Woche mit meiner Bank, und Ihr Gatte besucht mich danach, sagen wir am…" Er zog sein Notizbuch hervor. „Sagen wir am Dienstag. Am Montag bin ich in Bonn, aber am Dienstag geht es. Sagen wir um elf Uhr in meiner Kanzlei, wenn es sich so einrichten ließe."

„Ja."

„Voraussichtlich werde ich mit Ihrem Gatten einmal ins Ministerium gehen… Hören wir mal, wann das Aufstockungsdarlehen ausgezahlt wird. Ich kann mir vorstellen, daß meine Bank bereit ist, Ihnen zu helfen, wenn die Auskunft des Ministeriums günstig ist… Aber das letzte Wort hat natürlich die Bank."

„Gewiß."

Seifert sah auf seine Frau, die auf die Terrasse gekommen war. Sie öffnete die Tür zum Wohnzimmer.

„Wenn ich zum Kaffee bitten dürfte."

„Dann wollen wir mal", sagte Seifert und erhob sich. –

Nach dem Kaffee nahm Seifert Ellen in seinem schwarzen Mercedes mit in die Stadt.

In der Briennerstraße stoppte der Chauffeur.

„Ich erwarte Ihren Gatten also am Dienstag um elf Uhr in meiner Kanzlei", sagte Seifert beim

Abschied. „Soll Sie mein Chauffeur zum Bahnhof fahren?“

„Ich wollte eigentlich noch ins ‚Haus der Kunst‘“, sagte Ellen. „Und ich möchte gern wieder durch den Hofgarten gehen.“

„Ich verstehe“, lächelte Seifert. „Und nochmal alles Gute!“

Es war zwei Jahre her, seit Ellen zum letzten Mal im ‚Haus der Kunst‘ gewesen war. Sie wanderte langsam durch die hohen, weiten Säle und blieb vor einer Gebirgslandschaft stehen. Während sie das Bild betrachtete, überkam sie tiefe Sehnsucht nach ein paar Urlaubstagen in den Bergen. Es müßte schön sein, dachte sie, wieder einmal ein paar Tage in den Bergen zu sein, von allen Sorgen befreit. Die Tore ihrer Phantasie öffneten sich. Sie sah sich zwischen den Wäldern und Wiesen des Gemäldes zusammen mit Georg spazierengehen. Vielleicht war sie tatsächlich nicht für ein Geschäft geschaffen. Vielleicht hatte Stumpf recht. Aber war nicht alles Gewohnheit? Jeder gewöhnte sich an seine Pflichten.

Auf dem Weg zum Bahnhof kaufte sie in der Buchhandlung Ludwig in der Theatinerstraße das Buch ‚Kalendergeschichten‘ von Brecht. Sie wußte, daß Georg sich für Brecht interessierte.

## 15. Kapitel

Als Kern hörte, daß Ellen bei Rechtsanwalt Seifert in München war, um Kapital für seine Weberei zu besorgen, war er zunächst verärgert. An dem Morgen, als Ellen in den Zug nach München einstieg, hatte sie ihm gesagt, sie wolle Frau Bloch besuchen, die einige Jahre für ihren Vater gesorgt hatte.

„Ich kümmere mich schon", sagte Kern ärgerlich, als ihm Ellen gestand, daß sie in Wahrheit bei Rechtsanwalt Seifert war.

„Es war doch notwendig", sagte Ellen.

„Du hättest mich vorher von diesem Schritt unterrichten müssen. Versetz dich bitte einmal in meine Lage. Rechtsanwalt Seifert wird denken, daß ich alles meiner Frau überlasse. Ich weiß nicht, ob ich die Sache überhaupt weiter verfolge ..."

„Damit würdest du allerdings den Vogel abschießen."

„Keineswegs."

„Brauchst du nun Geld oder nicht? Wenn du auf Lohnarbeit übergehst, verlieren wir alle Kunden für unsere Eigenfabrikate."

„Das laß alles meine Sorge sein.“

„Sei doch vernünftig, Georg“, sagte sie sanft.

Er sah sie an und erinnerte sich an den Tag, an dem er ihr zum ersten Mal begegnet war. Er liebte sie.

„Erinnerst du dich an den Tag, an dem wir uns kennenlernten?“

Er hob behutsam ihr Kinn.

„Es war im Hofgarten. Die Sonne schien an diesem Maitag so herrlich...“ Im nächsten Augenblick war sie wieder das heitere Mädchen von damals. „Weißt du, ich hatte mich bis dahin noch nie von einem Herrn zum Essen einladen lassen. Wirklich nicht, ich...“

Er unterbrach sie: „Und du hättest dich wohl auch von mir nicht einladen lassen, wenn mich Frau Bloch nicht über den grünen Klee gelobt hätte. Die gute Frau Bloch mit ihrem Musikalienladen Wolters & Co.“

„Wir sollten sie wirklich wieder einmal besuchen und eine Schallplatte bei ihr kaufen. Ich weiß noch, welche Platte du damals gekauft hast. ‚Ave Maria‘ von Schubert.“

„Das liegt schon alles so lange zurück.“ –

Am Dienstag fuhr Kern nach München und erhielt von Rechtsanwalt Seiferts Bank einen höheren Vorschuß auf sein beantragtes Aufbaudarlehen. Er könne mit der Restzahlung rechnen, sobald der Feststellungsbescheid des Ausgleichsamtes vorliege. Der Bankdirektor überreichte Kern das Scheckbuch.

Rechtsanwalt Seifert war an diesem Tag nur telefonisch zu erreichen, und zwar in Bonn. Kern bedankte sich bei ihm für sein Vertrauen. –

Als Kern wieder in der Fabrik eintraf, empfing ihn Ellen mit der Nachricht, daß Inspektor Reiter von der ‚Hausbank' angerufen habe. „Er möchte sich das Warenlager ansehen", sagte sie. „Ich habe Herrn Reiter gebeten, um vier Uhr zu kommen. Bis dahin würdest du zurück sein."

„Hm."

„Herr Reiter möchte sich angeblich die Ware ansehen, die du im letzten Status angeführt hast!"

„Möchte er vielleicht alles nachzählen? Der Warenbestand ändert sich doch laufend." Und nach einer Pause: „Sieh mal, was ich mitgebracht habe." Kern zog das Scheckbuch der Münchner Bank aus der Tasche.

„Hast du mit Herrn Seifert gesprochen?"

„Nein, mit der Bank. Rechtsanwalt Seifert ist in Bonn."

„Und wie willst du das Geld verwenden?"

„Ich zahle Stumpf die erste Rate. Bis zum Januar hat er seine gesamte Einlage zurück, vorausgesetzt, daß weiterhin die Außenstände zügig eingehen und der Feststellungsbescheid kommt.

Doktor Wendel vom Ministerium sagte mir kürzlich, die übrigen beiden Gesellschafter, die an der Fabrik jenseits der Oder-Neiße-Linie beteiligt waren oder deren Erben, sollten tunlichst gegen die Höhe des festgestellten Vertreibungsschadens keinen Einspruch einlegen, damit das Aufbaudarlehen ausgezahlt werden kann. Der Feststellungsbescheid soll in der nächsten Woche zugestellt werden." –

Inspektor Reiter kam pünktlich um vier Uhr. Kern führte ihn in sein Büro.

„Das Direktorium", begann Reiter, „hat uns mitgeteilt, daß Sie vor einiger Zeit dort vorgesprochen hätten."

„Stimmt."

„Na ja", sagte Reiter, „ich persönlich habe nichts dagegen, wenn Sie zum Direktorium fahren, aber Sie kennen doch Direktor Hohn. Er fühlt sich desavouiert."

„So, so." Kern rückte zwei Sessel zurecht. „Bitte nehmen Sie Platz."

„Herr Direktor Hohn ist eben sehr empfindlich", sagte Reiter. „Eine Beschwerde mag er ganz und gar nicht."

„Bei mir geht es um die Existenz", sagte Kern. „Wir haben schon einmal unsere Existenz verloren: Durch die Vertreibung im Jahre 1945."

„Von Ihrem Standpunkt aus haben Sie selbstverständlich recht, aber Sie müssen auch uns verstehen. Wir können nicht immer so, wie wir gern möchten. Ich bin jetzt seit 1923 bei dieser Bank. Ich hatte mein dreißigjähriges Jubiläum." Reiter setzte sich. „Was glauben Sie, was ich schon alles mitgemacht habe."

„Zwischen Kreditnehmern und Kreditnehmern besteht ein Unterschied. Sie dürfen nicht alle über einen Kamm scheren."

Reiter sah Kern an. „Man fährt doch nicht gleich zum Direktorium."

„Ich möchte klarstellen, daß ich nicht gleich zum Direktorium gefahren bin", entgegnete Kern. „Mir wäre es lieber gewesen, Sie hätten mir durch mehr Entgegenkommen die Vorsprache beim Direktorium erspart."

„Sie werden so schnell keinen Bankdirektor finden, der sich damit abfindet, daß er übergangen wird. Das hat keiner gern, übergangen zu werden." Reiter fingerte am Schloß seiner Aktentasche herum. „Also, die Sache ist die", fuhr Reiter fort, „ich bin beauftragt, mir Ihre Warenbestände anzusehen. Moment, ich habe Ihren Status dabei."

„Dann müssen wir ins Lager gehen", sagte Kern.

Sie verließen das Büro und gingen über die Treppe nach unten. Reiter folgte Kern ins Lager.

„Ich sehe schon“, sagte Reiter, „das ist ’ne Menge, was da aufgestapelt ist... Ich will das nicht alles zählen.“

„Der Warenbestand ändert sich von Tag zu Tag.“

„Natürlich.“

„Möchten Sie den Bestand von heute wissen?“

„Nicht nötig.“ Reiter sah sich um. „Mir kommt es nur auf die sogenannte Afgalaine-Ware an, die Sie im Status wieder angeführt haben. Diese Ware ist schon mehrmals in Erscheinung getreten. Bringen Sie die nicht los?“

„Ich muß die Ware erst noch appretieren lassen.“

„Ach, es ist Rohware?“

„Ja, sie muß noch in die Appretur.“

„Interessant.“

Kern ging zu dem Regal an der gegenüberliegenden Wand und schob den Vorhang zur Seite. „Diese Stücke sind die Bezahlung für einen Weblohnauftrag. Die Auftraggeber konnte nicht zahlen, und da mußte ich diese Ware pfänden lassen. Da sehen Sie, was passieren kann, wenn man Lohnaufträge durchführt.“

„Reinfallen kann man immer“, erwiderte Reiter und beugte sich über den Stoff. „Aha, so sieht also die Ware aus.“

„Das sind tausend Meter“, sagte Kern.

„Siebentausend Mark."

„Es kann auch etwas mehr werden."

„Aber das ist doch nur zu erzielen, wenn die Ware appretiert ist..."

„Nein, die Rohware, so, wie sie hier liegt, ist siebentausend Mark wert."

„Tatsächlich? Direktor Hohn hegt nämlich Zweifel. Ich sag's Ihnen, wie's ist."

„So, Herr Direktor Hohn hegt Zweifel. Nun, er braucht ja nur das Gesamtgewicht der Ware mit dem Wollpreis per Kilo zu multiplizieren und dann noch die Kosten hinzurechnen, Löhne usw. Sie kennen ja meine Kalkulation."

„Darf ich ein Stückchen von dem Stoff mitnehmen?"

„Aber gern."

Kern holte eine Schere und schnitt von dem vor ihnen liegenden Coupon einen Streifen ab.

„Schön", sagte Reiter, „ich werde Direktor Hohn berichten." Er ließ das Stoffmuster in die Aktentasche fallen. –

Noch am gleichen Tag ließ Kern einen Brief mit Mustern der Afgalaine-Ware an einen vereidigten Sachverständigen abgehen. –

Am Abend kam das Ehepaar Kleiber zu Besuch. Schlag acht Uhr hupte es im Hof. Ellen eilte ans Fenster und sah Herrn und Frau Kleiber aus dem Wagen steigen.

Mit dem Ehepaar Kleiber waren sie seit längerem befreundet. Jeden Monat kamen sie mindestens einmal zusammen, um ein paar gemütliche Stunden miteinander zu verbringen.

Kern empfing die Gäste an der Treppe und führte sie nach oben. Frau Kleiber war braungebrannt und trug ein dunkelblaues Kleid. Ihr Mann war groß und hatte die Hände eines Tatmenschen. Er überreichte Ellen Blumen. „Ich hoffe, Sie haben auch noch morgen Freude daran", lachte er.

„Gewiß."

Ellen hatte das dunkelbraune Seidenkleid angezogen, das Kern ihr zum Geburtstag in München gekauft hatte. Das Haar trug sie wie immer straff nach hinten gekämmt.

„Dann wollen wir unsere Stammplätze einnehmen", sagte Kleiber. „Ich freue mich schon immer Tage vorher auf unser gemütliches Beisammensein."

„Mir geht es ebenso", entgegnete Kern.

Nach dem Essen zogen sich die Herren in Kerns Arbeitszimmer zurück.

„Ich glaube, wir sind uns heute schon mal begegnet", sagte Kern.

„Dann waren Sie's also doch ... Sie kamen aus Richtung München."

„Ja, ich hatte in München bei einer Bank zu

tun. Wissen Sie, ich habe Ärger mit meinem Teilhaber."

„Werfen Sie den Kerl doch raus!"

„Ja, etwas anderes bleibt mir gar nicht übrig."

„Schmeißen Sie ihn raus und verkleinern Sie!"

„Ich denke, daß ich ihm die gesamte Einlage bis zum Januar zurückgezahlt habe." Kern erhob sein Glas. „Zum Wohl!"

„Wenn ich Ihnen helfen könnte, würde ich es gern tun", sagte Kleiber. „Aber ich hatte jetzt auch 'ne Pechsträhne. 'Ne Lebkuchenfabrik in der Nähe von Nürnberg ist in Konkurs gegangen. Schuldete mir noch vierzigtausend Mark ..."

„Und nichts mehr zu holen?"

„Der Konkursverwalter macht mir keine großen Hoffnungen. Wenn ich nicht gerade einen Bundeswehrauftrag hätte, wäre es schlimm."

„Wie viele Leute beschäftigen Sie?"

„Fünfzig." Er drückte die Zigarette aus. „Als ich die vierzigtausend Mark in Nürnberg abschreiben mußte, war mein erster Gedanke: Ruf mal bei Kern an, vielleicht kann er dir aus der Patsche helfen. Ich erwartete nämlich gerade eine größere Lieferung Bleche aus Frankreich ..."

Kern lachte. „Ich hatte denselben Gedanken, als mein Teilhaber untragbar wurde."

Kleiber schlug sich lachend auf die Schenkel. „So ist das Leben!"

Plötzlich standen ihre Frauen in der Tür.

„Ich werde mich um den Kaffee kümmern", sagte Ellen.

„Darf ich Ihnen behilflich sein?" Frau Kleiber folgte Ellen in den Korridor.

Es war ein Uhr, als das Ehepaar Kleiber sich verabschiedete. –

Später sagte Kern zu seiner Frau: „Du, mir ist heute abend eine Idee gekommen."

„Und?"

„Du spannst mal aus, Ellen, du fährst für ein paar Tage in die Berge. Du hast ja gehört, daß Frau Kleiber auch Urlaub gemacht hat. Was meinst du zu meinem Vorschlag?"

„Du weißt doch, daß ich im Büro zu tun habe. Da gibt es wahrhaftig genug zu tun."

„Mach dir deswegen keine Sorgen. Das schaffen wir schon. Du fährst! Du brauchst unbedingt Erholung. Hast du gesehen, wie gut Frau Kleiber ausschaut? Sie strahlt nur so!"

„Gefalle ich dir nicht?"

„Entschuldige bitte! Ich war ungeschickt. Unser Teilhaber hat uns beiden zugesetzt. Du hast mehr darunter gelitten als ich..."

Ellen wandte ihr Gesicht ab. Sie war plötzlich dem Weinen nahe. Sie ging ein paar Schritte im Zimmer auf und ab. „Es ist schon wieder gut", sagte sie leise.

„Ich rufe morgen in Garmisch an", sagte er, „und dann fährst du. In zwei Stunden bist du in den Bergen."

Ellen legte ihre Arme um ihn. „Weißt du, Georg, wenn ich ehrlich sein soll, habe ich auch schon daran gedacht, einmal Ferien zu machen. Als ich in München im ‚Haus der Kunst' war, sah ich eine Gebirgslandschaft, und da stellte ich mir vor, wie wir beide durch Felder und Wiesen wandern ..."

„Fahr' erst mal allein", sagte er. „Ich fühle mich noch ganz gut in Form. Du wirst sehen, wenn du zurückkommst, siehst du alles mit anderen Augen an."

## 16. Kapitel

Die Pension lag am Nordrand von Garmisch, und Ellen konnte von ihrem Zimmer die Sprungschanzen des Olympia-Stadions sehen. Im Garten der Pension gab es Korbsessel, Liegestühle und eine Tischtennisplatte zwischen den Tannen. Sie hatte einen Roman von Ignazio Silone angefangen, den sie in der Bibliothek der Pension gefunden hatte. Aber es fiel ihr schwer, sich auf das Buch zu konzentrieren. Sie dachte daran, daß die Welt so schön war, aber daß die Sorgen sie verdüsterten.

Sie sah dem Eichhörnchen nach, das über den kurzgeschorenen Rasen auf eine Tanne zulief und in ihr verschwand.

Nach dem Mittagessen unternahm sie einen Spaziergang zum Olympia-Stadion. Das Zusammenspiel von Ruhe, Sonnenschein und der anmutigen Landschaft besänftigte allmählich ihr Gemüt. Ich hätte nicht gewagt, Georg zu bitten, mich verreisen zu lassen, dachte sie. Aber nun war sie hier, und sie war Georg für diese Urlaubstage von Herzen dankbar.

Hier in den Bergen war alles friedlich und

schön. Würziger Heugeruch lag in der Luft. Sie blickte auf das Zugspitzmassiv. Die Landschaft wirkte auf sie wie ein Bild. Sie erinnerte sich an das Gemälde im ‚Haus der Kunst', vor dem sie vor ein paar Tagen nachdenklich gestanden hatte. Jetzt war alles Wirklichkeit. –

Sie überlegte, was sie morgen tun sollte. Zum ersten Mal war sie dabei, einen Plan aufzustellen, um teilzunehmen an dem Leben hier, und wenn es nur das war, ein, zwei Stunden in einem Café zuzubringen. Wie lange hatte sie nicht mehr in einem Café gesessen, um Zerstreuung zu suchen. Georg hatte ihr beim Abschied ausdrücklich gesagt, sie solle sich etwas gönnen und um Himmels willen nicht an das Geschäft denken...

Ellen ging in ihre Pension zurück, um wieder in Silones Roman zu lesen. Ab und zu blickte sie aus dem Fenster.

Nach einer Stunde klopfte es leise. Und noch einmal.

„Herein."

Sie wandte sich um.

In der Tür stand Georg. Er ging auf sie zu und zog sie an sich. „Ich liebe dich!"

„Wie ich mich nach dir gesehnt habe", flüsterte sie.

„Trennung ist nichts für uns", sagte er.

Sie küßten sich.

Sie zog ihn ans Fenster. „Ist der Blick auf die Berge nicht herrlich?“

„Ich habe eine gute Nachricht für dich“, sagte er. „Stumpf hat bereits seine Einlage ausgezahlt bekommen. Bis auf den letzten Pfennig. Beim Lastenausgleichsamt ging es nun doch schneller, als ich dachte. Allerdings muß ich Zinsen und Tilgungsraten zahlen. Möglicherweise wird das Darlehen irgendwann gegen die Hauptentschädigung verrechnet. Die Hauptentschädigung wird voraussichtlich zehn Prozent des im Jahre 1945 verlorengegangenen Vermögens ausmachen. Mit den restlichen neunzig Prozent haben wir dann den Krieg bezahlt...“

## 17. Kapitel

In der Nacht bekam Kern plötzlich Fieber.

Nachdem er eingeschlafen war, träumte er von zu Hause:

Er trug Gartenmöbel aus dem Keller, wo sie den Winter über gelagert hatten, hinaus in den Park.

Dann ging er die breite Treppe ins Parterre hinauf und betrat die Küche.

Die Köchin und Schwester Olga, die schon die Mutter des Chefs betreut hatte, beugten sich über das aufgeschlagene Haushaltsbuch.

Er trug ein Glas Wasser ins Herrenzimmer hinüber.

„Danke", sagte der Seniorchef, indem er nach dem Glas griff. „Was macht dein Zeitungsartikel über die neuen Maschinen in der Garnbleiche?"

„Er ist schon in der Redaktion."

Das Telefon klingelte.

Kern nahm den Hörer ab.

„Der Pastor", sagte er. „Gegen drei Uhr kommt er vorbei."

„Na schön."

Sie gingen in die Halle. Kern half dem Seniorchef in den Mantel und begleitete ihn zum Wagen.

Dann sah Kern den Pastor.

Der Seniorchef sagte zu ihm: „Auf meinem Schreibtisch liegt der Scheck für das Waisenhaus."

„Danke."

„Ich wünschte, ich könnte vielen Menschen helfen."

„Sie tun schon genug", sagte Pastor Kelm. „Lassen Sie die Mächtigen der Erde auch ein paar gute Taten vollbringen."

„Aber, ob die daran denken ... Ich habe in meinem Leben immer viel unternommen. Man muß viel unternehmen, damit am Ende ein paar gute Resultate da sind ..."

Kern erwachte und richtete sich auf. Durch das Fenster sah er die Zugspitze.

Ellen sah ihn fragend an. „Wie fühlst du dich?" Sie legte ihm die Hand auf die Stirn.

„Das Fieber hat nachgelassen", sagte er.

„Du hast im Schlaf gesprochen." Sie ergriff seine Hand. „Hast du wieder von Kriegserlebnissen geträumt?"

„Nein, von zu Hause."

Und nach einer Weile: „Unsere Kinder werden ein anderes Zuhause kennenlernen als das, das ich im Kopf trage ..."

Er hielt inne. „Die Familien in Birmingham und Manchester leben weiter in ihrer vertrauten Umgebung... Und sie haben noch dieselbe Flagge und dasselbe Königshaus. Und schon sehr lange."

ENDE